ZWANG UND ZWEIFEL – HERAUSFORDERUNG AN THERAPIE UND SEELSORGE

Zwangsstörungen sind häufiger als man vermuten würde, so häufig, dass manche Autoren von einer heimlichen Epidemie sprechen. Rund zwei Prozent der Bevölkerung leiden an dem unerklärten Zwang zu zählen, und zu kontrollieren, zu putzen und zu wiederholen. Alles wird von Zweifeln unterhöhlt, die danach verlangen, sich gegen alle möglichen und unmöglichen Gefahren abzusichern. Das daraus entstehende Leiden ist oft erheblich und belastet nicht nur die Betroffenen selbst, sondern auch ihre Familien.

Gläubige Menschen leiden zudem darunter, dass auch ihr Glaube von Zweifeln überschattet wird oder dass sich ihnen Gedanken aufzwingen, die sie doch gar nicht denken wollen. Manchmal ist das Erleben der Fremdbestimmung so intensiv, dass sie an eine dämonische Beeinflussung denken, und dies, obwohl sie doch alles daran setzen, ein christliches Leben zu führen.

Was sind die Gründe für Zwangsstörungen? Ist es die Erziehung oder eine falsche Lebenshaltung? Sind es innerseelische Vorgänge oder von aussen sich aufdrängende Kräfte? Welche Rolle spielt die Biochemie des Gehirns? Wie kann man zwangskranke Menschen in ihrer Not ernst nehmen und ihnen ärztlich und seelsorglich helfen? Welche Behandlungsmöglichkeiten gibt es?

Dieses Seminarheft wird Sie bekannt machen mit verschiedenen Sichtweisen und Modellen, die in der heutigen medizinischen Psychologie aktuell sind. Mögen die Informationen die Grundlage legen, diese Menschen besser zu verstehen und fachgerecht und einfühlsam zu begleiten.

Dr. med. Samuel Pfeifer

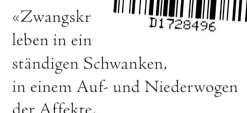

«Zwangskr
leben in ein
ständigen Schwanken,
in einem Auf- und Niederwogen
der Affekte.
Selbst wenn sie ganz ruhig sind,
lauert im Hintergrund die Angst,
es könnte sich eine
Zwangsvorstellung melden.
Sie trauen der Ruhe nicht
und jede Stille
ist die Stille vor dem Sturm.»

WILHELM STEKEL, 1927

SCHRULLE ODER SPLEEN?
«Ob Schrulle oder Spleen, meist führen die Betroffenen einen ruinösen Kampf gegen sich selbst, zählen, prüfen oder reinigen ohne Unterlass. Zum Arzt gehen die Kranken meist erst bei extrem hohem Leidensdruck, wenn sich der geheime Verhaltenskodex ins Absurde steigert oder immer mehr Zeitaufwand erfordert.»
(aus einem SPIEGEL-Bericht).

WAS IST EINE ZWANGSKRANKHEIT?

Das Hauptmerkmal einer Zwangskrankheit besteht in wiederholten Zwangsgedanken oder Zwangshandlungen. Diese sind so schwer, dass sie erhebliches Leiden verursachen, zeitraubend sind oder den normalen Tagesablauf, die beruflichen Leistungen oder die üblichen sozialen Aktivitäten oder Beziehungen beeinträchtigen.

ZWANGSGEDANKEN sind länger andauernde Ideen, Gedanken, Impulse oder Vorstellungen, die, zumindest anfänglich, als lästig und sinnlos empfunden werden - z. B. ein Elternteil hat wiederholte Impulse, das eigene geliebte Kind zu töten oder ein religiöser Mensch hat wiederholt gotteslästerliche Gedanken. Die Person versucht, solche Gedanken bzw. Impulse zu ignorieren, zu unterdrücken oder sie mit Hilfe anderer Gedanken oder Handlungen auszuschalten. Die Person erkennt, dass die Zwangsgedanken von ihr selbst kommen und nicht von aussen aufgezwungen werden (wie beim Eindruck der Gedankeneingebung der Schizophrenie).

Die häufigsten Zwangsgedanken sind wiederkehrende Vorstellungen von Gewalttätigkeiten, Angst vor Verschmutzung und zwanghafte Zweifel (vgl. Diagnostik, S. 6 ff.)

ZWANGSHANDLUNGEN sind wiederholte, zweckmässige und beabsichtigte Verhaltensweisen, die auf einen Zwangsgedanken hin nach bestimmten Regeln oder in stereotyper Form ausgeführt werden. Das Verhalten dient dazu, Unbehagen oder schreckliche Ereignisse bzw. Situationen unwirksam zu machen bzw. zu verhindern. Jedoch steht die Handlung in keinem realistischen Bezug zu dem, was sie unwirksam machen bzw. verhindern soll, oder sie ist eindeutig übertrieben. Die Handlung wird mit einem Gefühl des subjektiven Zwangs durchgeführt mit dem gleichzeitigen Wunsch, Widerstand zu leisten (zumindest anfänglich). Die Person sieht ein, dass ihr Verhalten übertrieben oder unvernünftig ist. Die betroffene Person hat keine Freude am Ausführen der Handlung, obwohl dies zu einer Spannungsverminderung führt. Die häufigsten Zwangshandlungen beziehen sich auf Händewaschen, Zählen, Kontrollieren und Berühren.

Versucht die Person, gegen einen Zwang anzugehen, kommt es zu einem Gefühl steigender Spannung, die sich sofort lösen kann, wenn dem Zwang nachgegeben wird (vgl. S. 24). Im Verlauf der Störung gibt die Person nach wiederholtem Versagen zunehmend nach, und kann sich immer weniger dagegen wehren.

BEGLEITERSCHEINUNGEN:
Depression und Angst sind häufig. Oft besteht ein phobisches Vermeiden von Situationen, die den Inhalt des Zwangsgedankens betreffen, wie Schmutz oder Verschmutzung. Beispielsweise vermeidet eine Person mit Zwangsgedanken, die sich auf Schmutz beziehen, öffentliche Toiletten; eine Person mit Zwangsgedanken, die sich auf Verschmutzung beziehen, vermeidet, Fremden die Hand zu schütteln.

2

A) Es bestehen entweder Zwangsgedanken oder Zwangshandlungen:

ZWANGSGEDANKEN:

(1) wiederholte, länger andauernde Ideen, Gedanken, Impulse oder Vorstellungen, die als lästig und sinnlos empfunden werden und ausgeprägte Angst und Spannung erzeugen

(2) die Gedanken, Impulse und Vorstellungen sind nicht einfach Sorgen über Probleme im realen Leben.

(3) die Person versucht, solche Gedanken bzw. Impulse zu ignorieren oder zu unterdrücken oder sie mit Hilfe anderer Gedanken oder Handlungen zu neutralisieren.

(4) die Person sieht ein, dass die Zwangsgedanken von ihr selbst kommen und nicht von aussen aufgezwungen werden (wie bei der Gedankeneingebung).

ZWANGSHANDLUNGEN:

(1) wiederholte Verhaltensweisen (z.B. Händewaschen, Ordnen, Kontrollieren) oder gedankliche Handlungen (z.B. Beten, Zählen, stilles Wiederholen von Wörtern), die auf einen Zwangsgedanken hin nach bestimmten Regeln oder stereotyp ausgeführt werden.

(2) das Verhalten dient dazu, äusserstes Unbehagen oder schreckliche Ereignisse bzw. Situationen unwirksam zu machen bzw. zu verhindern. Jedoch steht die Handlung in keinem realistischen Bezug zu dem, was sie unwirksam machen bzw. verhindern soll, oder sie ist eindeutig übertrieben.

B) Die Person sieht ein, dass ihr Verhalten übertrieben oder unvernünftig ist.

C) Die Zwangsgedanken oder Zwangshandlungen verursachen erhebliches Leiden, sind zeitraubend (mehr als eine Stunde pro Tag) oder beeinträchtigen den normalen Tagesablauf, die beruflichen Leistungen oder die üblichen sozialen Aktivitäten oder Beziehungen zu anderen.

D) Falls eine andere Störung von Krankheitswert besteht, steht deren Inhalt in keiner Beziehung dazu; z.B. die Ideen, Gedanken, Impulse oder Vorstellungen beziehen sich nicht auf Essen bei Essstörung, nicht auf Drogen bei einer Störung durch psychoaktive Substanzen oder Schuldgefühle bei einer Major Depression.

E) Die Störung ist nicht Folge eines vorübergehenden Einflusses einer medizinischen Störung (z.B. Enzephalitis) oder eines Drogengebrauchs.

KOMPLIKATIONEN:
Bei schweren Verläufen können die Zwänge zum beherrschenden Lebensinhalt werden. Die daraus folgende Vereinsamung führt zu Depressionen und der Versuch, die Ängste und Zwänge zu dämpfen, kann in einen Missbrauch von Alkohol oder Tranquilizer führen.

*DSM-IV = Diagnostisches und Statistisches Handbuch Psychischer Störungen, 4. Revision

3

HÄUFIGKEIT UND VERLAUF

HÄUFIGKEIT: Leichte Formen der Störung kommen relativ häufig vor (ca. 2,5 %), schwere Verlaufsformen sind selten (ca. 0,4 %). Männer und Frauen sind gleich häufig betroffen.

ALTER BEI BEGINN: Obwohl die Störung üblicherweise in der Jugend oder im frühen Erwachsenenalter beginnt, kann sie auch in der Kindheit anfangen (häufiger bei Knaben).

VERLAUF: Der Verlauf ist gewöhnlich langwierig mit eine wellenförmige Zu- und Abnahme der Symptome. Bei etwa 15 Prozent der Betroffenen kommt es zu einem schweren Verlauf, bei dem die beruflichen und sozialen Möglichkeiten stark eingeschränkt werden (Invalidität und Vereinsamung). In 5 Prozent wird ein phasischer Verlauf mit völlig freien Intervallen zwischen den Episoden beobachtet.

ENTSTEHUNGS-BEDINGUNGEN

ANLAGEFAKTOR: familiäre Häufung, Zwillinge häufiger betroffen.

DISPONIERTE PERSÖNLICHKEIT: wenig Information. Bleuler schreibt jedoch: «Die eigentlichen Zwangsneurosen entwickeln sich nur bei ängstlichen, aber gewissenhaften Menschen. Sie leiden darunter, dass ihr Selbstvertrauen und ihre Tatkraft in keinem richtigen Verhältnis zu ihrem Ehrgeiz stehen. Oft sind sie hochintelligent. Innere Schwäche und Ängstlichkeit schrecken sie vor der Übernahme der grossen Aufgaben, die sie sich stellen, ab. Sie können besser überlegen als handeln ... Einen Fehler begangen zu haben, ist ihnen unerträglich.»

HÄUFIGE KOMBINATION

mit Angst, Depression, allgemeiner körperlicher Erschöpfung, In leichteren Fällen kommt es nur phasenweise zur Verstärkung der zwanghaften Züge unter Belastungen: Schwangerschaft, Wochenbett, Klimakterium, Erschöpfungszustände, belastende Ereignisse und konflikthafte Situationen. Auch im Alter beobachten wir manchmal Zwangsstörungen (Störung des Gehirnstoffwechsels?).

BIOLOGISCHE BEFUNDE

Neuere Forschungen weisen eindeutig auf eine Störung des Gehirnstoffwechsels hin. So haben Untersuchungen der Gehirndurchblutung (PET, SPECT, funkt. MRI) deutliche Unterschiede in der Informationsverarbeitung zwischen normalen Versuchspersonen und zwangskranken Menschen gezeigt (vgl. S.21). Den Zwangskranken fehlt es sozusagen an einer ausreichenden Kontrolle der Gedanken, die dann immer wieder auftreten, obwohl der auslösende Zustand längst erledigt ist (z.B. schmutzige Hände wurden bereits gewaschen).

Ein weiterer Hinweis auf biologische Ursache ist die gute Wirksamkeit von Medikamenten (vgl. S. 32)

ZWANGHAFTE PERSÖNLICHKEIT

Ein durchgängiges Muster von Perfektionismus und Starrheit. Der Beginn liegt im frühen Erwachsenenalter, und die Störung manifestiert sich in den verschiedensten Lebensbereichen. Mindestens vier der folgenden Kriterien müssen erfüllt sein:

1. Übermässige Beschäftigung mit Details, Regeln, Listen, Ordnung, Organisation oder Plänen, so dass die Hauptsache dabei verlorengeht.

2. Nichterfüllung von Aufgaben durch Streben nach Perfektion, z.B. können Vorhaben aufgrund der übermässig strengen eigenen Normen häufig nicht realisiert werden.

3. Arbeit und Produktivität werden über Vergnügen und zwischenmenschliche Beziehungen gestellt (ohne materielle Not).

4. Übermässige Gewissenhaftigkeit, Besorgtheit und Starrheit gegenüber allem, was Moral, Ethik oder Wertvorstellungen betrifft (dies ist allerdings von kulturellen oder Glaubensüberzeugungen zu unterscheiden!).

5. Unfähigkeit, sich von verschlissenen oder wertlosen Dingen zu trennen, selbst wenn diese keine persönliche Bedeutung besitzen.

6. Unmässiges Beharren darauf, dass die eigenen Arbeits- und Vorgehensweisen übernommen werden, oder unvernünftiger Widerwille dagegen, anderen Tätigkeiten zu überlassen, aus Überzeugung, dass diese nicht korrekt ausgeführt werden.

7. Knausrigkeit sich selbst und anderen gegenüber; Geld wird für den Fall einer zukünftigen Notlage gehortet.

8. Mangelnde geistige Beweglichkeit (Rigidität) und Starrsinn.

NEBENMERKMALE: umständliche Sprache, Übergewissenhaftigkeit, moralistisch, skrupelhaft; neigen dazu, sich und andere zu verurteilen; haben in ihrer förmlichen Art Probleme mit emotional ausdrucksstarken und flexiblen Personen. In die Beratung kommen die Betroffenen häufig wegen depressiver Verstimmung, weil die Betroffenen durch ihre Störung Konflikte mit Partnern, Freunden und Vorgesetzten haben und in ihrer komplizierten Art Probleme am Arbeitsplatz bekommen (Schwierigkeiten, sich auf Neues einzustellen; Verlangsamung durch Pedanterie).

HÄUFIGKEIT: ca. 1 % in der Bevölkerung.

BEACHTE: Eine zwanghafte Persönlichkeit ist nicht einer Zwangskrankheit gleichzusetzen; zudem kommt es häufig nicht zu einem Übergang von einer zwanghaften Persönlichkeit zur Zwangskrankheit.

---

*DSM-IV = Diagnostisches und Statistisches Handbuch Psychischer Störungen, 4. Revision

5

DIAGNOSTIK VON ZWANGSSTÖRUNGEN

Die folgenden Listen sind aus der Arbeit von Goodman, Rassmussen et al. entnommen und finden sich in der Yale-Brown-Obsessive-Compulsive-Scale (YBOCS). Ein Stern (*) bedeutet, dass das betreffende Item ein Zwangssymptom sein kann, aber nicht muss. Um zu entscheiden, ob Sie ein bestimmtes Symptom haben, ziehen Sie bitte die Beschreibung bzw. die Beispiele heran.

ZWANGSGEDANKEN

Zwangsgedanken mit aggressivem Inhalt

1. Ich habe Angst, ich könnte mir Schaden zufügen. Angst, mit Messer und Gabel zu essen; Angst, mit scharfen Gegenständen zu hantieren; Angst, an Glasscheiben vorbeizugehen.
2. Ich habe Angst, ich könnte anderen Schaden zufügen. Angst, das Essen anderer Leute zu vergiften; Angst, Babys zu verletzen; Angst, jemanden vor den Zug zu stossen; Angst, die Gefühle eines anderen zu verletzen; Angst, sich schuldig zu machen, weil man bei einer Katastrophe keine Hilfe leistet; Angst, jemanden durch einen schlechten Ratschlag zu schaden.
3. Ich habe gewalttätige oder grauenvolle Bilder im Kopf. Vorstellungen von Gewaltverbrechen, Körpern mit abgetrennten Gliedmassen oder anderen entsetzlichen Szenen.

4. Ich habe Angst, obszöne oder beleidigende Dinge zu sagen. Angst, in öffentlichen Situationen, z.B. in der Kirche, Obszönitäten auszustossen; Angst, unanständige Wörter oder Sätze zu schreiben.
5. Ich habe Angst, ich könnte etwas anderes Peinliches tun. Angst, sich vor anderen zu blamieren.
6. Ich habe Angst, ich könnte einem ungewollten Impuls folgen. Angst, an einen Baum zu fahren; Angst, jemanden zu überfahren; Angst, mit einem Messer auf einen Freund einzustechen.
7. Ich habe Angst, ich könnte zum Dieb werden. Angst, die Kassiererin im Laden zu betrügen; Angst, wertlose Dinge aus einem Geschäft zu stehlen.
8. Ich habe Angst, ich könnte anderen aus Unvorsichtigkeit Schaden zufügen. Angst, einen Unfall zu verursachen, ohne es zu bemerken (wie ein Verkehrsunfall mit Fahrerflucht).
9. Ich habe Angst, ich könnte daran schuld sein, dass sich irgend etwas anderes Furchtbares ereignet. Angst, beim Verlassen des Hauses nicht sorgfältig genug alles zu überprüfen und dadurch ein Feuer oder einen Einbruch zu verursachen.

ZWANGHAFTE ANGST
VOR EINER VERSEUCHUNG

10. Der Gedanke an körperliche Ausscheidungen beunruhigt mich sehr, bzw. ich empfinde grosse Abscheu vor ihnen. Angst, sich in öffentlichen Toiletten mit Aids, Krebs oder anderen Krankheiten zu infizieren; Angst vor dem eigenen Speichel, Urin, Kot, Samen oder Vaginalsekret.

6

11. Ich mache mir grosse Sorgen über Dreck oder Bazillen. Angst vor Übertragung von Krankheitserregern durch Sitzen auf bestimmten Stühlen, Händeschütteln oder Berühren von Türgriffen.
12. Ich habe übergrosse Angst vor Umweltgiften. Angst vor Verseuchung durch Asbest oder Radon; Angst vor radioaktiven Stoffen; Angst vor Dingen, die aus Städten mit Giftmülldeponien kommen.
13. Ich habe grosse Angst vor bestimmten Haushaltsreinigern. Angst vor giftigen Küchen- oder Sanitärreinigern, Lösungsmitteln, Insektensprays oder Terpentin.
14. Ich habe grosse Angst davor, mit Tieren in Berührung zu kommen. Angst, mich über ein Insekt, einen Hund, eine Katze oder ein anderes Tier mit einer Krankheit zu infizieren.
15. Klebstoffe oder andere klebrige Materialien verursachen mir grosses Unbehagen. Angst, vor Krankheitserregern oder Giften, die an Klebeflächen oder anderen klebrigen Substanzen haften könnten.
16. Es macht mir grosse Sorgen, dass ich mich irgendwo anstecken und krank werden könnte. Angst, durch eine Infektion oder Verseuchung nach kürzerer oder längerer Zeit schwer zu erkranken.
17. Ich bin besorgt darüber, dass ich andere anstecken könnte. Angst, nach Kontakt mit giftigen Stoffen (z. B. Benzin) oder nach Berührung bestimmter Stellen des eigenen Körpers andere anzufassen oder für sie Mahlzeiten zuzubereiten.

ZWANGSGEDANKEN MIT SEXUELLEM INHALT

18. Ich habe verbotene oder perverse sexuelle Gedanken, Vorstellungen oder Impulse. Belastende sexuelle Gedanken, die sich auf Fremde, Freunde oder Familienmitglieder beziehen.
19. Ich habe sexuelle Zwangsvorstellungen, in denen Kinder oder eigene enge Verwandte (Inzest) eine Rolle spielen. Ungewollte Gedanken, eigene oder andere Kinder sexuell zu belästigen.
20. Ich habe Zwangsgedanken, die Homosexualität betreffen. Zweifel wie: «Bin ich homosexuell?»,oder: «Was, wenn ich plötzlich schwul werde?»,wenn es keine Grundlage für solche Gedanken gibt.
21. Ich habe Zwangsgedanken, die sich um sexuelle Übergriffe gegen andere Personen drehen. Belastende Vorstellungen über gewalttätige sexuelle Annäherungen an erwachsene Fremde, Bekannte oder Familienmitglieder.

ZWANGSGEDANKEN ÜBER DAS SAMMELN UND AUFBEWAHREN VON GEGENSTÄNDEN

22. Ich habe Zwangsgedanken, die das Aufheben und Sammeln von Sachen betreffen. Angst davor, etwas scheinbar Unwichtiges wegzuwerfen, was man in Zukunft noch einmal gebrauchen könnte; der Drang, unterwegs Gegenstände aufzuheben und wertlose Dinge zu sammeln.

ZWANGSGEDANKEN MIT RELIGIÖSEM INHALT

23. Ich mache mir Sorgen, etwas tun zu können, was ein Vergehen gegen meinen Glauben darstellen würde. Angst, gotteslästerliche Dinge zu denken oder zu sagen bzw. dafür bestraft zu werden.
24. Ich habe übermässig strenge Moralvorstellungen. Die Sorge, auch wirklich immer «das Richtige» zu tun; Angst, gelogen oder jemanden betrogen zu haben.

7

ZWANGHAFTES BEDÜRFNIS NACH SYMMETRIE UND GENAUIGKEIT

25. Ich habe Zwangsgedanken über Symmetrie und Genauigkeit. Die Sorge, Bücher könnten unordentlich im Regal stehen oder Zeitungen nicht ordentlich aufeinander liegen; Angst, dass die Handschrift oder angestellte Berechnungen unvollkommen sind.

ANDERE ZWANGSGEDANKEN

26. Ich habe das Gefühl, bestimmte Dinge unbedingt wissen oder mir merken zu müssen. Die Überzeugung, man müsste sich bestimmte unwichtige Dinge merken wie Nummernschilder, die Namen von Schauspielern in Fernsehfilmen, alte Telefonnummern oder Sprüche von Autoaufklebern oder T-Shirts.

27. Ich fürchte mich davor, bestimmte Dinge zu sagen. Angst, bestimmte Wörter zu benutzen (z.B. die Zahl dreizehn), da sie Unglück bringen könnten; Angst, etwas Respektloses über einen Toten zu sagen.

28. Ich habe Angst davor, etwas Falsches zu sagen. Angst, nicht das zu sagen, was man sagen will, oder sich nicht richtig auszudrücken.

29. Ich habe Angst davor, Dinge zu verlieren. Angst, die Brieftasche oder unwichtige Gegenstände, wie ein Stück Papier zu verlieren.

30. Lästige (neutrale) Gedanken dringen in mein Bewusstsein ein. Nichtssagende, aber störende Vorstellungen, die sich einem aufdrängen.

31. Ich fühle mich durch lästige und sinnlose imaginäre Geräusche, Wörter oder Musik gestört, die in mein Bewusstsein eindringen.

WÖRTER, LIEDER ODER GERÄUSCHE, DIE SICH NICHT ABSTELLEN LASSEN.

32. * Bestimmte Klänge oder Geräusche stören mich. Sich stark durch Geräusche wie laut tickende Uhren oder Stimmen aus einem anderen Zimmer, die einen vom Schlafen abhalten, gestört fühlen.

33. Ich habe Glückszahlen und Unglückszahlen. Gedanken, die sich um bestimmte Zahlen (z. B. die 13) drehen , und einen veranlassen, Dinge soundso oft zu tun oder mit etwas solange zu warten, bis die «richtige» Uhrzeit dafür da ist.

34. Bestimmte Farben haben eine besondere Bedeutung für mich. Angst, Gegenstände mit einer bestimmten Farbe zu benutzen (z. B. weil Schwarz für den Tod und Rot für Blut und Verletzung stehe).

35. Ich habe abergläubische Ängste. Angst, an Friedhöfen, Leichenwagen oder schwarzen Katzen vorbeizugehen; Angst vor «Todesboten». Zwangsgedanken, die um bestimmte körperliche Aspekte kreisen

36. Ich beschäftige mich sehr mit der Gefahr, von Krankheiten befallen zu werden. Angst, Krebs, Aids, eine Herzkrankheit oder etwas anderes zu haben, obwohl der Arzt sagt, dass alles in Ordnung ist.

37.* Ich mache mir Sorgen, dass etwas mit meinem Körper oder meinem Äusseren nicht stimmt (Dysmorphophobie). Die Befürchtung, an Gesicht, Ohren, Nase, Augen oder irgendeinem anderen Teil des Körpers fürchterlich entstellt zu sein, obwohl andere einem versichern, dass dies nicht so ist.

ZWANGSHANDLUNGEN

SÄUBERUNGS- UND WASCHZWÄNGE

38. Das Händewaschen nimmt bei mir unverhältnismässig viel Zeit in Anspruch oder ist mit einem bestimmten Ritual verbunden. Viele Male am Tag die Hände waschen oder langes Händewaschen nach der - tatsächlichen oder vermeintlichen - Berührung eines unreinen Gegenstandes. Dies kann sich auch auf die Arme bis zu den Schultern erstrecken.

39. Ich habe übertriebene oder mit ganz bestimmten Ritualen verbundene Gewohnheiten, die das Duschen, Baden, Zähneputzen, Kämmen und Schminken oder das Benutzen der Toilette betreffen. Handlungen, die der Körperpflege dienen, z.B. Duschen oder Baden, dauern Stunden. Wird die Abfolge unterbrochen, muss u.U. wieder ganz von vorn begonnen werden.

40. Ich habe zwanghafte Gewohnheiten, die die Reinigung verschiedener Dinge im Haushalt betreffen. Übermässiges Säubern von Wasserhähnen, Toiletten, Fussböden, Küchentischen oder Küchenutensilien.

41. Ich treffe andere Vorkehrungen, um nicht mit Krankheitserregern in Berührung zu kommen. Familienangehörige darum bitten, Insektenvernichtungsmittel, Müll, Benzinkanister, rohes Fleisch, Farben, Lack, Medikamente aus der Hausapotheke. oder Katzendreck anzufassen bzw. wegzuschaffen, anstatt es selbst zu tun. Möglicherweise der Einsatz von Handschuhen, wenn sich der Umgang mit diesen Dingen nicht vermeiden lässt.

KONTROLLZWÄNGE

42. Ich muss kontrollieren, ob ich niemandem Schaden zugefügt habe. Kontrollieren, ob man jemanden verletzt hat, ohne es zu bemerken. Andere bitten, zu bestätigen, dass alles in Ordnung ist, oder anrufen, um zu fragen, wie es ihnen geht.

43. Ich überprüfe, ob ich mich nicht selbst verletzt habe. Nach Blut oder Verletzungen suchen, wenn man mit scharfen oder zerbrechlichen Gegenständen hantiert hat. Häufige Arztbesuche, um sich bestätigen zu lassen, dass man unverletzt ist.

44. Ich überprüfe, ob sich etwas Furchtbares ereignet hat. Die Zeitungen nach Berichten von Katastrophen durchforsten, die man selbst verursacht zu haben glaubt oder im Fernsehen auf solche Berichte warten. Andere fragen, ob man nicht einen Unfall verursacht hat.

45. Ich kontrolliere, ob ich keine Fehler gemacht habe. Mehrfaches Überprüfen von Türschlössern, Küchenherden und elektrischen Anschlüssen vor Verlassen des Hauses; mehrfaches Überprüfen des Gelesenen, Geschriebenen oder Berechneten, um sicherzugehen, dass einem kein Fehler unterlaufen ist.

46.* Meine Zwangsgedanken über verschiedene Dinge, die mit meiner gesundheitlichen Verfassung oder meiner äusseren Erscheinung zu tun haben, veranlassen mich, zu überprüfen, ob alles mit mir in Ordnung ist. Sich von Freunden oder Ärzten bestätigen lassen, dass man keinen Herzanfall hat oder Krebs bekommt; häufiges Puls-, Blutdruck- oder Temperaturmessen; überprüfen, ob man schlecht riecht; sein Spiegelbild überprüfen und nach hässlichen Merkmalen absuchen.

9

WIEDERHOLZWÄNGE

47. Ich muss Dinge immer wieder neu schreiben oder lesen. Stunden brauchen, um ein paar Seiten eines Buches zu lesen oder einen kurzen Brief zu schreiben; besorgt sein, dass man nicht versteht, was man gerade gelesen hat; den hundertprozentig passenden Ausdruck oder Satz finden wollen; sich zwanghaft auf die äussere Form bestimmter gedruckter Buchstaben in einem Buch konzentrieren müssen.

48. Ich muss bestimmte Routinehandlungen immer mehrfach durchführen. Zahlreiche Wiederholungen von Handlungen durchführen, z. B. beim Ein- und Abschalten von Geräten, Haarekämmen oder Betreten und Verlassen eines Raumes; sich unwohl fühlen, wenn man diese Wiederholungen unterlässt.

ZÄHLZWÄNGE

49. Ich habe Zählzwänge. Dinge zählen wie Decken- oder Fussbodenfliesen, Bücher im Regal, Nägel in der Wand oder sogar die Sandkörner am Strand; mitzählen, wenn man bestimmte Dinge wiederholt, wie z. B. das Waschen einzelner Körperpartien.

ORDNUNGSZWÄNGE

50. Ich habe Ordnungszwänge. Papiere oder Stifte auf dem Schreibtisch oder Bücher im Regal ordnen; Stunden damit verbringen, Dinge im Haus in die richtige Ordnung zu bringen, und sich darüber aufregen, wenn diese Ordnung gestört wird.

HORT- UND SAMMELZWÄNGE

51. Ich habe den Zwang, Dinge zu horten und zu sammeln. Aufbewahren alter Zeitungen, Notizen, Dosen, Papiertücher, Verpackungen und Flaschen, aus der Sorge, man könnte sie eines Tages einmal benötigen; unnütze Dinge von der Strasse auflesen oder aus Mülleimern herausholen.

ANDERE ZWANGSHANDLUNGEN

52. Es gibt Rituale, die ich im Geist ausführe (andere als Zählen oder Kontrollieren). Im Kopf Rituale ausführen, z. B. Gebete aufsagen oder einen «guten» Gedanken denken, um einen «schlechten» wiedergutzumachen. Der Unterschied zu Zwangsgedanken ist, dass man diese Rituale einsetzt, um eine Angst zu bekämpfen oder um sich besser fühlen zu können.

53. Ich muss anderen Menschen bestimmte Dinge sagen oder gestehen oder ihnen bestimmte Fragen stellen. Andere Leute bitten, zu bestätigen, dass alles in Ordnung ist; Taten zugestehen, die man niemals begangen hat; glauben, man müsste anderen Leuten bestimmte Sachen sagen, um sich besser zu fühlen.

54. * Ich muss Dinge berühren, beklopfen oder an ihnen reiben. Dem Drang nachgeben, rauhe oder heisse Oberflächen (z. B. Holz oder Herdplatten) zu berühren oder andere Leute im Vorübergehen zu streifen; glauben, man müsse einen bestimmten Gegenstand wie den Telefonapparat berühren, um die Erkrankung eines Familienangehörigen zu verhindern.

55. Ich treffe Vorkehrungen (andere als Kontrollhandlungen), um Schaden von mir oder anderen abzuwenden oder das Eintreten furchtbarer Dinge zu verhindern. Sich von scharfen oder zerbrechlichen Dingen wie Messern, Scheren oder Glas fernhalten.

56. * Das Einnehmen von Mahlzeiten ist bei mir mit ganz bestimmten Ritualen verknüpft. Nicht in der Lage sein, mit einer Mahlzeit zu beginnen, ehe alles

auf dem Tisch in eine bestimmte An-
ordnung gebracht ist; beim Essen strikt
auf die Einhaltung eines bestimmten
Rituals achten; nicht essen können, be-
vor die Zeiger der Uhr nicht genau auf
einem bestimmten Punkt stehen.

57. * Ich habe abergläubische Verhaltensweisen. Nicht mit einem Bus oder einer
Bahn fahren, dessen Nummer eine «Un-
glückszahl» (z. B. 13) enthält; am 13.
des Monats nicht aus dem Haus gehen;
Kleidungsstücke fortwerfen, die man
beim Vorbeigehen an einem Friedhof
oder einer Leichenhalle trug.

58. Ich reisse mir Haare heraus (Trichotillomanie). Mit den Fingern oder einer
Pinzette Kopfhaare, Wimpern, Augen-
brauenhärchen oder Schamhaare her-
auszuziehen. Dabei können kahle Stellen
entstehen, die einen zum Tragen einer
Perücke zwingen.

QUELLE:

Goodman, W.K., Price, L.H., Rasmussen, S.A. et
al. (1989): The Yale-Brown Obsessive Compulsive
Scale. Archives of General Psychiatry 46:1006
– 1016.

Deutsche Fassung bei Baer L. (1993): Alles unter
Kontrolle? Zwangsgedanken und Zwangshandlungen überwinden. Bern, Toronto (Huber).

SCHWEREGRAD (YBOCS)

SCHWEREGRAD BEI
ZWANGSGEDANKEN

Zu Ihrer Erinnerung wiederholen wir hier
noch einmal die Definition von Zwangsgedanken (Obsessionen): Es sind unerwünsch-
te und belastende Ideen, Gedanken, bild-
liche Vorstellungen oder Impulse, die sich
immer wieder Ihrem Bewusstsein aufdrängen. Sie scheinen gegen Ihren Willen aufzu-
treten, und oft finden Sie sie abstossend.
Vielleicht erkennen Sie ihre Sinnlosigkeit,
und vielleicht vertragen sich die Zwangsgedanken nicht mit dem Bild, das Sie von Ihrer Persönlichkeit haben. Zur Beantwortung
der ersten fünf Fragen sehen Sie sich bitte
noch einmal die Zwangsgedanken von der
Symptomliste an, die Sie abgehakt haben.
Denken Sie beim Beantworten der Fragen
bitte an die letzten sieben Tage (einschliesslich des heutigen), und markieren Sie eine
Antwort pro Frage.

1. **Ein wie grosser Teil Ihrer Zeit ist durch
   Zwangsgedanken ausgefüllt? Wie häufig treten die Zwangsgedanken auf?**

   0 = Habe keine Zwangsgedanken.

   1 = Weniger als eine Stunde am Tag bzw. ge-
   legentliches Auftreten (nicht mehr als
   achtmal am Tag)

   2 = Eine bis drei Stunden am Tag bzw. häufiges Auftreten (mehr als achtmal am Tag,
   aber die meisten Stunden des Tages sind
   frei von Zwangsgedanken).

   3 = Mehr als drei Stunden und bis zu acht
   Stunden am Tag bzw. sehr häufige Auftreten (mehr als achtmal am Tag und in
   den meisten Stunden des Tages).

   4 = Mehr als acht Stunden am Tag bzw. ständige Anwesenheit (zu oft, um sie zählen

zu können, und es vergeht kaum eine Stunde ohne mehrfaches Auftreten von Zwangsgedanken).

2. Wie stark beeinträchtigen Sie die Zwangsgedanken in Ihrem Privat- und Berufsleben, bzw. bei Ihren täglichen Aktivitäten? (Denken Sie zur Beantwortung dieser Frage bitte an die Dinge, die Sie wegen der Zwangsgedanken nicht tun oder weniger tun.)

0 = Keine Beeinträchtigung.
1 = Geringe Beeinträchtigung bei beruflichen oder privaten Aktivitäten, insgesamt aber keine Einschränkung der Lebensführung.
2 = Mässige Beeinträchtigung in bestimmten Bereichen des beruflichen oder privaten Lebens, aber noch zu verkraften.
3 = Schwere Beeinträchtigung, führt zu starken Einschränkungen der beruflichen oder privaten Lebensführung.
4 = Extreme, lähmende Beeinträchtigung.

3. Wie stark fühlen Sie sich durch Ihre Zwangsgedanken belastet?

0 = Gar nicht.
1 = Gelegentliche, schwache Belastung.
2 = Häufige, mässig starke Belastung, aber noch zu verkraften.
3 = Sehr häufige, schwere und nur schwer zu ertragende Belastung.
4 = Beinahe ständige, extreme und unerträgliche Belastung.

4. Wie gross sind Ihre Bemühungen, gegen die Zwangsgedanken anzugehen? Wie oft versuchen Sie, ihnen keine Beachtung zu schenken oder sich auf etwas anderes zu konzentrieren, wenn diese Gedanken in Ihr Bewusstsein eindringen? (Es geht uns hier nicht darum, wie erfolgreich Sie dabei sind, die Gedanken in den Griff zu bekommen, sondern nur, wie sehr und wie oft Sie es versuchen.)

0 = Ich versuche jedesmal, dagegen anzugehen (oder die Zwangsgedanken sind so schwach, dass es nicht nötig ist, aktiv dagegen anzugehen).
1 = Ich versuche meistens (d. h. in mehr als der Hälfte der Fälle), dagegen anzugehen.
2 = Ich versuche manchmal, dagegen anzugehen.
3 = Es widerstrebt mir zwar ein wenig, aber ich lasse alle Zwangsgedanken zu, ohne zu   versuchen, sie unter Kontrolle zu bekommen.
4 = Ich lasse den Gedanken stets freien Lauf.

5. Wieviel Kontrolle haben Sie über Ihre Zwangsgedanken? Wie gut gelingt es Ihnen, sie zu stoppen oder sich auf etwas anderes zu konzentrieren? (Wenn Sie nur selten versuchen, die Gedanken zu kontrollieren, denken Sie zur Beantwortung dieser Frage bitte an eine der wenigen Gelegenheiten zurück, bei denen Sie es versucht haben.) (Anmerkung: Diese Frage bezieht sich nicht auf Zwangsgedanken, die Sie durch die Ausführung von Zwangshandlungen stoppen.)

0 = Völlige Kontrolle.
1 = Grosse Kontrolle; meist gelingt es mir, die Zwangsgedanken mit einiger Anstrengung und Konzentration zu stoppen oder mich abzulenken.
2 = Etwas Kontrolle; manchmal gelingt es mir, die Zwangsgedanken zu stoppen oder mich auf etwas anderes zu konzentrieren.
3 = Wenig Kontrolle; ich schaffe es nur selten und nur mit grossen Schwierigkeiten, mich auf etwas anderes zu konzentrieren.
4 = Keine Kontrolle; ich bin kaum in der Lage, meine Zwangsgedanken auch nur für einen kurzen Augenblick zu ignorieren.

SCHWEREGRAD
BEI ZWANGSHANDLUNGEN

Die Definition von Zwangshandlungen lautet – damit Sie es sich noch einmal vergegenwärtigen können – wie folgt: Es sind Verhaltensweisen oder Handlungen, zu denen Sie sich gedrängt fühlen, obwohl Sie vielleicht ihre Sinnlosigkeit oder Übertriebenheit erkennen. Vielleicht versuchen Sie zuzeiten, sich dem Drang zur Ausführung dieser Handlungen zu widersetzen, was Ihnen jedoch meist schwerfällt. Vielleicht verspüren Sie eine innere Spannung oder Angst, die erst dann abklingt, wenn das bewusste Verhalten ausgeführt ist. Zur Beantwortung der folgenden fünf Fragen sehen Sie sich bitte noch einmal die Zwangshandlungen von der Symptomliste an, die Sie markiert haben. Denken Sie beim Beantworten der Fragen bitte an die letzten sieben Tage (einschliesslich des heutigen), und markieren Sie eine Antwort pro Frage.

6. Wieviel Zeit verbringen Sie mit der Ausführung von Zwangshandlungen? Wie oft kommt es zu den Zwangshandlungen? (Wenn Ihre Rituale normale Alltagsverrichtungen mit einschliessen, überlegen Sie bitte, wieviel mehr Zeit Sie wegen Ihrer Zwangshandlungen für diese Dinge brauchen.)

0 = Führe keine Zwangshandlungen aus.
1 = Ich verbringe weniger als eine Stunde am Tag mit Zwangshandlungen, bzw. gelegentliche Ausführung zwanghaften Verhaltens (nicht öfter als achtmal am Tag).
2 = Eine bis drei Stunden am Tag verbringe ich mit Zwangshandlungen, bzw. häufige Ausführung zwanghaften Verhaltens (öfter als achtmal am Tag, aber in den meisten Stunden des Tages kommt es nicht zu Zwangshandlungen)
3 = Mehr als drei und bis zu acht Stunden am Tag verbringe ich mit Zwangshandlungen, bzw. sehr häufige Ausführung zwanghaften Verhaltens (öfter als achtmal am Tag, und in den meisten Stunden des Tages kommt es zu Zwangshandlungen).
4 = Mehr als acht Stunden am Tag verbringe ich mit Zwangshandlungen, oder fast ständige Ausführung zwanghaften Verhaltens (zu oft, um die Zwangshandlungen zählen zu können, und es vergeht kaum eine Stunde ohne mehrfaches Ausführen von zwanghaften Handlungen).

7. Wie stark beeinträchtigen Sie die Zwangshandlungen in Ihrem Privat- und Berufsleben? (Wenn Sie momentan nicht beschäftigt sind, überlegen Sie bitte, wie sehr die Zwangshandlungen Sie bei Ihren täglichen Aktivitäten einschränken.)

0 = Keine Beeinträchtigung.
1 = Geringe Beeinträchtigung bei beruflichen oder privaten Aktivitäten, insgesamt aber keine Einschränkung der Lebensführung.
2 = Mässige Beeinträchtigung in bestimmten Bereichen des beruflichen oder privaten Lebens, aber noch zu verkraften.
3 = Schwere Beeinträchtigung, führt zu starken Einschränkungen der beruflichen oder privaten Lebensführung.
4 = Extreme, lähmende Beeinträchtigung.

8. Wie würden Sie sich fühlen, wenn Sie an der Ausführung Ihrer Zwangshand-

13

lung(en) gehindert würden? Wie unruhig würden Sie werden?

0 = Gar nicht unruhig.

1 = Nur ein bisschen unruhig.

2 = Es würde eine spürbare, aber erträgliche innere Unruhe entstehen.

3 = Es würde zu einem starken und kaum erträglichen Anstieg an innerer Unruhe kommen.

4 = Extreme, lähmende Unruhe oder Angst.

9. Wie stark sind Ihre Bemühungen, gegen die Zwangshandlungen anzugehen? Wie oft versuchen Sie, mit einer Zwangshandlung auf zuhören? (Überlegen Sie nur, wie oft oder wie sehr Sie versuchen, gegen die Zwangshandlungen anzugehen, nicht, wie gut es Ihnen gelingt.)

0 = Ich versuche jedesmal, dagegen anzugehen (oder der Drang, die Handlungen auszuführen, ist so schwach, dass es nicht nötig ist, aktiv dagegen anzugehen).

1 = Ich versuche meistens (d. h. in mehr als der Hälfte der Fälle), dagegen anzugehen.

2 = Ich versuche manchmal, dagegen anzugehen.

3 = Es widerstrebt mir zwar ein wenig, aber ich gebe jedem Drang zur Ausführung einer Zwangshandlung nach, ohne zu versuchen, dagegen anzugehen.

4 = Ich gebe jedem Drang zur Ausführung der Handlungen bereitwillig nach.

10. Wieviel Kontrolle haben Sie über Ihre Zwangshandlungen? Wie gut gelingt es Ihnen, sie zu stoppen? (Wenn Sie nur selten versuchen, dem Drang zur Ausführung der Handlungen zu widerstehen, denken Sie zur Beantwortung dieser Frage bitte an eine der wenigen Gelegenheiten zurück, bei denen Sie es versucht haben.)

0 = Völlige Kontrolle.

1 = Meist gelingt es mir, die Zwangshandlungen mit einiger Anstrengung und Willenskraft zu stoppen.

2 = Manchmal gelingt es mir, die Zwangshandlungen zu stoppen, aber es fällt mir schwer.

3 = Ich schaffe es nur, das zwanghafte Verhalten eine Weile hinauszuzögern, aber schliesslich muss ich es doch komplett ausführen.

4 = Ich bin selten in der Lage, das zwanghafte Verhalten auch nur für eine kurze Zeit hinauszuzögern.

AUSWERTUNG:

Der Gesamtpunktwert wird berechnet, indem die markierten Zahlen neben den Antworten zusammengezählt werden.

PUNKTE	SCHWEREGRAD
Unter 10	Sehr schwache Symptomatik
10 bis 15	Schwache Symptomatik
16 bis 25	Mittelschwere Symptomatik
Über 25	Schwere Symptomatik

UNTERSCHEIDUNG VON ANDEREN STÖRUNGEN (DIFFERENTIALDIAGNOSE)

ABGRENZUNG VON NORMALEN «ZWANGHAFTEN» SYMPTOMEN:

Beispiele: Eine Melodie geht einem nicht aus dem Kopf, man zählt immer Treppen oder Pflastersteine, versucht sich jede Autonummer zu merken, man kontrolliert mehrmals, ob die Haustür abgeschlossen ist, man kann das Zimmer nicht verlassen, wenn es nicht aufgeräumt ist, GuteNachtrituale bei Kindern, Rituale beim Essen.

Die Beispiele zeigen, dass es viele Übergänge zwischen «normal» und «krankhaft»" gibt. Normalerweise lassen sich solche Gedanken und Rituale leicht unterbrechen, ohne dass es zu seelischem Leiden kommt.

Die Abbildung zeigt einige (nicht alle!) Übergänge von normaler wiederholter Aktivität (meist mit kurzfristiger Lust oder Genuss verbunden) bis hin zu psychotischen Phänomenen, die weder nachvollziehbar noch vergnüglich sind.

SÜCHTE UND TRIEBSTÖRUNGEN:

Manche Aktivitäten, die im Übermass betrieben werden, werden bisweilen als «zwanghaft» bezeichnet, so z.B. übermässiges oder abweichendes Sexualverhalten (z.B. Fetischismus und andere Perversionen), Glücksspiel und Kaufrausch, Alkohol- und Drogenmissbrauch sowie Essstörungen (Anorexie oder Bulimie). Jedoch handelt es sich bei diesen Aktivitäten nicht um echte Zwänge, denn die Person bezieht aus dem jeweiligen Verhalten (wenigstens kurzfristig) Lustgefühle und möchte dagegen Widerstand leisten, weil aus dem Verhalten schädliche Konsequenzen folgen können.

GRÜBELN BEI DEPRESSION

Bei einer schweren Depression ist zwanghaftes Grübeln über eine schwere Lebenssituation oder über andere Lösungsmöglichkeiten häufig. Oft ist das Grübeln mit ausgeprägten Ängsten verbunden. Jedoch fehlt diesen Symptomen die Eigenschaft, als sinnlos empfunden zu werden, da die Person im allgemeinen ihre Gedankengänge als sinnvoll ansieht, wenn auch möglicherweise als übertrieben. Deshalb sind es keine echten Zwangsgedanken.

15

Manchmal kann der Zwangsgedanke zur **ÜBERWERTIGEN IDEE** werden, wie etwa der nahezu unerschütterliche Glaube, man beschmutze andere Leute. Solche überwertigen Ideen können bizarr sein und legen eine Schizophrenie nahe. Jedoch kann die Person mit einer Zwangsstörung, die eine überwertige Idee hat, üblicherweise nach einiger Diskussion die Möglichkeit anerkennen, dass ihr Glaube unbegründet ist.

ABGRENZUNG VOM WAHN: Zwangskranke leiden unter ihren Gedanken, während der Wahnkranke davon überzeugt ist. Bei einer Schizophrenie ist stereotypes Verhalten häufig; es ist aber eher auf Wahnphänomene zurückzuführen als auf echte Zwangshand-

lungen. Beispiel: Eine junge Frau fühlt ständig «eine schwarze Masse in meinem Körper aufsteigen, die mich ersticken wird.» Sie geht deshalb bis zu zehnmal täglich ins Bad, um den Schmutz abzuwaschen.

TICS: Schliesslich müssen hier noch Tics und komplexe Impulsstörungen erwähnt werden wie z.B. das Gilles-de-la-Tourette-Syndrom (vgl. Seite 18–19).

BEISPIEL:
«KAUFZWANG» IN DER MANIE ODER ZWANGSKRANKHEIT?

	KAUFZWANG / MANIE	ZWANGSKRANKHEIT
GRUNDSTIMMUNG	gehoben mit Begleiterscheinungen der Manie (euphorisch, angetrieben, überaktiv, ideenflüchtig, distanzlos, weniger Schlafbedürfnis)	gedrückte Stimmung, angespannt, deprimiert, deutlicher Leidensdruck
URTEILSFÄHIGKEIT	vermindert («kein Gefühl mehr für Preise und den Sinn der eingekauften Sachen»)	intakt: sieht die Unsinnigkeit des Zwangs ein, muss aber einen Impuls ausführen, weil sonst die innere Spannung unerträglich wird
IMPULSKONTROLLE	Verminderung der Kontrolle von an sich normalen Impulsen («Dieses Kleid gefällt mir! Das kauf ich!»)	Vermehrte, drängende und in sich unsinnige Impulse, die von irrationaler Angst diktiert werden

Manische Patienten können einen Kaufrausch erleben, der für sie «wie ein Zwang» ist. Dennoch kann man ihn nicht mit einer Zwangskrankheit gleichsetzen. Erst die Betrachtung der gesamten Lebensumstände, der Grundstimmung, der Urteilsfähigkeit und der Impulskontrolle ermöglicht eine Unterscheidung. Die nebenstehende Tabelle soll als Beispiel für das Vorgehen der Unterscheidung sein, das auch bei anderen Störungen angewandt werden kann.

RELIGIÖSE RITUALE ODER ZWÄNGE?

In vielen Religionen gibt es genaue Vorschriften und Regeln. Hält man sie nicht ein, so kann Gott Gebete nicht hören, oder der Regelverstöss wird als Sünde bezeichnet und führt zum Verlust von Gottes Segen.

Nicht weniger als 613 Gebote umfasst das jüdische Gesetz, 248 Anweisungen und 365 Verbote. Alles hat seine Bedeutung: 248 entspricht der Anzahl der Gebeine eines Menschen, 365 der Anzahl der Tage eines Jahres. Darunter sind die 10 Gebote, aber auch ganz spezifische Anweisungen für die Zubereitung von Speisen oder für die persönliche Hygiene.

Im Bemühen, Fleisch und Milch nicht zu vermischen, ergeben sich für gläubige Juden sehr komplizierte Rituale und Regeln. So muss man nach dem Genuss von Fleisch mindestens 6 Stunden warten, bis man wieder eine Milchspeise zu sich nimmt. Zur Bestimmung, ob ein Lebensmittel «kosher» ist, muss ein Rabbiner konsultiert werden, der nach komplexen Regeln Recht spricht. Hat eine Frau die Mens, so gilt sie rituell als unrein und muss warten, bis keine Spur von Blut mehr zu finden ist. Erst nach dem rituellen Bad gilt sie wieder als rein.

Für zwanghafte Frauen kann dies zu einem echten Problem werden, wenn sie die Reinlichkeitskontrollen zu einem aufwendigen Prozedere machen. Waschungen vor dem Gebet müssen nach einer ganz genauen Ordnung vorgenommen werden. Kleider dürfen nicht aus einem Gemisch von Wolle und Leinen sein. Gebetsriemen müssen in einer ganz bestimmten Vorgehensweise und unter speziellen Gebeten angezogen werden. Die Tätigkeiten am Sabbath sind genauestens vorgeschrieben. Nicht einmal einen Lichtschalter darf ein frommer Jude betätigen. Dies führte Sigmund Freud dazu, die Religion

Im Judentum, aber auch im Islam regeln viele Vorschriften das Gebet, das Essen, die Reinlichkeit und die Kleidungsvorschriften.

pauschal als «universelle Zwangsneurose» zu bezeichnen.

RITUAL ODER ZWANG?

Doch selbst solche ausführlichen Rituale müssen nicht zu Zwangsstörungen führen. Gesunde Menschen können zwischen Ritual und Zwang unterscheiden.

So schreibt ein jüdischer Rabbiner: «Manche Nichtjuden kritisieren diesen gesetzlichen Aspekt des traditionellen Judentums und sagen, dass dadurch Religion auf eine Reihe von Ritualen ohne spirituellen Inhalt reduziert werde. Obwohl es sicher manche Juden gibt, die die Halacha so vollziehen, so ist dies nicht deren Absicht. Im Gegenteil, wenn man das Gesetz richtig beachtet, so kann es die Spiritualität im Leben einer Person noch verstärken, weil die trivialen, gewöhnlich weltlichen Handlungen wie Essen oder sich kleiden in einen Akt religiöser Bedeutung verwandelt». (vgl. Internet: *http://www.jewfaq.org*).

IN DER THERAPIE von religiösen Patienten ist es wichtig, die Rituale zu kennen, um sie von einem Zwang oder von einem religiösen Wahn zu unterscheiden.

17

TIC-STÖRUNGEN

Tics sind unwillkürliche, plötzliche, schnelle, wiederholte, arrhythmische, stereotype motorische Bewegungen oder Lautäusserungen. Sie werden als unvermeidbar empfunden, können jedoch über verschieden lange Zeiträume unterdrückt werden. Tics verschlimmern sich häufig unter Stress und schwächen sich in der Regel während des Schlafs weitgehend ab, aber auch bei Tätigkeiten, die eine gezielte Aufmerksamkeit erfordern (z.B. Lesen, Nähen, Spielen eines Musikinstruments).

EINFACHE MOTORISCHE TICS: Augenblinzeln, Hals- und Schulterzucken und Gesichtsgrimassen.

EINFACHE VOKALE TICS: Hüsteln, Räuspern, Grunzen, Schnüffeln, Schnarchen, Bellen

KOMPLEXE MOTORISCHE TICS: Bewegungen des Tics, Spielen mit den Haaren, Schlagen oder Beissen eigener Körperteile, Springen, Berühren, Stampfen und Beriechen von Gegenständen.

KOMPLEXE VOKALE TICS: zusammenhangloses Wiederholen von Worten oder Sätzen, Koprolalie (Verwendung von unanständigen, häufig obszönen Ausdrücken), Palilalie (krankhafte Wiederholung von eigenen Lauten und Wörtern), Echolalie (Wiederholung des zuletzt gehörten Lautes, Wortes oder Satzes)

NEBENMERKMALE: Unbehagen in sozialen Situationen, Scham, Befangenheit sowie depressive Stimmung. Einschränkungen in Ausbildung und Beruf sind möglich, wenn der Tic sehr störend ist.

HÄUFIGKEIT UND VERLAUF: etwa bei 5 bis 20 % aller Kinder, dreimal häufiger bei Jungen als bei Mädchen, Beginn in Kindheit und Adoleszenz, Verlauf: vorübergehend oder chronisch.

DREI HAUPTFORMEN VON TICSTÖRUNGEN:

A) Gilles-de-la-Tourette-Syndrom
B) Chronische Tic-Störung (entweder motorische oder vokale Tics, aber nicht beides)
C) Vorübergehende Tic-Störung

SUPERMARIO IM GEHIRN

Die drängende Kraft von einschiessenden Impulsen wird erfahrbar in den modernen Videospielen. Ständig tauchen Hindernisse auf, die den fröhlichen Supermario in Trab halten: Er muss springen, rennen, zurückweichen, sich ducken oder einen Taler holen. Wehe, wenn er nicht rechtzeitig ausweicht, dann ist er bald GAME OVER.

Bei hoher Konzentration ist man in der Lage, die plötzlichen Hindernisse zu bewältigen, doch die Anstrengung wird immer grösser, bis es den armen Supermario doch erwischt – der Tic bricht also wieder durch.

GILLES-DE-LA-TOURETTE SYNDROM

Es handelt sich bei der Tourette-Störung um ein neurologisches Leiden, das nach neuen Forschungen **genetisch bedingt** ist (Veränderung auf dem Chromosom 18).

HÄUFIGKEIT: Jungen dreimal häufiger betroffen als Mädchen.

VOKALTICS: Was die Störung so beängstigend und bizarr machen kann, sind die Laute, die die Patienten von sich geben, insbesondere wenn sie Tierlauten (wie Jaulen oder Bellen) ähneln. Diese lassen sich jedoch durch das plötzliche Zusammenziehen von Muskeln im Zwerchfell, dem Brustkasten und der Stimmritze erklären, wodurch Luft rasch herausgepresst wird und die Geräusche erzeugt.

Noch verwirrender ist das wiederholte ungewollte Hervorstossen von anstössigen Wörtern (wie z.B. «Scheisse»), auch Koprolalie genannt. Es handelt sich dabei um komplexe Tics, die offenbar ganze Wortfolgen aus dem Gehirn aktivieren können. Die Vokaltics können sehr auffällig und störend sein, sodass es zu Schulschwierigkeiten, Vereinsamung und depressiven Verstimmungen kommen kann.

BEHANDLUNG: Aufklärung der Betroffenen und ihrer Eltern. Behandlung mit Medikamenten (spez. Haldol, Risperdal, Dipiperon und Tiapridal) bringt oft deutliche Verbesserung. Unterstützung in Krisen. Betroffene können ihre Tics manchmal in Bewegungen und Worte einbauen. Nach der Pubertät erfolgt oft deutliches Nachlassen der Tics.

INFO IM INTERNET:
www.tourette.de
www.tourette.ch

DEFINITION NACH DSM-IV

A. Kombination von motorischen und vokalen Tics (Schnalzen, Grunzen, Jaulen, Bellen, Schnüffeln, Husten oder Wörter), allerdings nicht unbedingt gleichzeitig.
B. Die Tics treten mehrmals täglich (meistens anfallsartig), fast jeden Tag oder schubweise über einen Zeitraum von mehr als einem Jahr auf.
C. Der betroffene Körperteil, die Anzahl, die Häufigkeit, die Komplexität und der Schweregrad der Tics ändern sich mit der Zeit.
D. Beginn vor dem 21. Lebensjahr.
E. Kein Zusammenhang mit neurologischen Erkrankungen oder Drogengebrauch.

UNTERSCHIED ZWISCHEN TICS UND ZWANG:

Eine Zwangshandlung wird als bewusste willentliche Handlung erlebt, die Antwort auf einen komplexen Gedanken ist und in ein genau festgelegtes Ritual eingebaut wird.

Tics hingegen sind meist einfache, stereotype Bewegungen oder Laute, die unbewusst und ungewollt erfolgen. Sie dienen keinem nachvollziehbaren Zweck und lindern auch nicht irgendwelche Ängste, wie dies bei Zwangshandlungen der Fall ist. Manchmal können allerdings Zwangsstörungen und Tic-Störungen gleichzeitig nebeneinander auftreten.

19

WIE MAN SICH FRÜHER ZWÄNGE ERKLÄRTE

Alle Theorien zur Erklärung von Zwängen dienten dazu, das Unverständliche verständlich zu machen und damit vielleicht auch einen Weg zur Heilung zu finden. Die Theorien wurden jeweils durch den herrschenden Zeitgeist mitbestimmt. So erklärte man im Mittelalter Zwänge und Tics als Zeichen einer dämonischen Besessenheit. Heilung könne nur durch eine Dämonenaustreibung (Exorzismus) erzielt werden.

Im 19. Jahrhundert kamen psychologische Theorien auf. Eine lautete: Zwänge sind die Folge einer Störung der intellektuellen Funktion, der es den Kranken nicht mehr erlaubt, zwischen wichtig und unwichtig zu

> «Die Zwangsneurose ist der Psychoanalyse liebstes, aber auch ihr schwierigstes Kind.»
>
> GEFLÜGELTES WORT

unterscheiden. Die zweite lautete: Zwangskranke leiden an einer Störung des Gefühlslebens: Ängste besetzen einen Gedanken und drängen diesen dann mit übermässiger Kraft ins Bewusstsein.

Der französische Psychiater Janet vermutete eine Verminderung mentaler Energie, die zu einer Desorganisation der Gedanken und zum Verlust der Willensherrschaft über die Gedanken führte.

Sigmund Freud sah hinter den Zwängen innerpsychische Konflikte, die durch Abspaltung von Affekten, durch Ungeschehenmachen und durch Reaktionsbildung abgewehrt

---

Zwänge werden durch Verhexung und Besessenheit hervorgerufen.
Der Hexenhammer

«Zwangsvorstellungen haben einen geheimen Sinn. Es gibt keinen Unsinn, wenn man die Sprache des Unbewussten versteht.»
Wilhelm Stekel

«Die Zwangsneurose ist als pathologisches Gegenstück zur Religionsbildung aufzufassen, die Neurose als eine individuelle Religiosität, die Religion als eine universelle Zwangsneurose zu bezeichnen.»
Sigmund Freud

«Zwangskranke sind Verbrecher ohne den Mut zum Verbrechen.»
Wilhelm Stekel

Zweifel entstehen aus der Verwechslung von Schein und Sein. Die Angst, einen Gashahn nicht richtig zugedreht zu haben, ist in Wirklichkeit die Angst, seine Sexualität nicht im Griff zu haben.
Wilhelm Stekel

---

würden. Häufig seien diese Konflikte in letzter Konsequenz sexueller Art, dürften jedoch nicht in dieser Form zugelassen werden und zeigten sich dann in scheinbar weniger anstössigen Zwängen. Obwohl die Deutungen Freuds und die psychoanalytische Behandlung von Zwangsstörungen sich in der Behandlung nicht bewährt haben, lassen sich doch aus seinen Schriften hochinteressante Beobachtungen ableiten.

20

BIOLOGISCHE URSACHEN

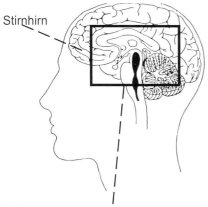

Stirnhirn

Im Jahre 1987 revolutionierte eine Studie aus Los Angeles die Vorstellungen über die Entstehung der Zwangsstörungen. Die Forscher hatten in bildgebenden Verfahren (PET = Positronen-Emissions-Tomografie) deutliche Unterschiede zwischen der Hirnaktivität bei Gesunden und zwangskranken Patienten gefunden. Seither wurden die Befunde von vielen Arbeitsgruppen weltweit bestätigt. Bei den Betroffenen liegt eine Störung in zwei Bereichen vor:

a) Basalganglien und Nucleus caudatus, steuern und filtern die Informationsverarbeitung (vgl. S. 24).

b) Orbitale Rindenbereiche des Stirnhirns. Das Stirnhirn ist der Sitz der Persönlichkeit mit ihren Grundhaltungen, Werten, der Fähigkeit zum Beurteilen und Planen. Man nimmt an, dass im orbitalen Stirnhirn wichtige Bezüge zu den Themen Ordnung, Gewalt, Hygiene, Sex, Nähe/Distanz vermittelt und beeinflusst werden. Beim Normalen bleiben Gedanken zu diesen Themen weniger hängen als beim Zwangskranken.

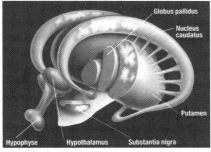

Eine Störung in diesen beiden Bereichen kann dazu führen, dass es zu kreisenden Gedanken kommt, die vom Rest des Bewusstseins als fremd und damit als Zwang erlebt werden.

Trotz dieser ersten Befunde sind noch viele weitere Forschungen nötig, um offene Fragen zu klären.

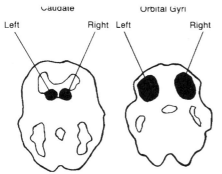

LITERATURHINWEIS: Brody, A.L. & Saxena, S. (1996): Brain Imaging in Obsessive-Compulsive Disorder: evidence for the involvement of frontal-subcortical circuitry in the mediation of symptomatology. CNS-Spectrum 1:27–41.

21

Viele Zwangskranke erleben ihren Zwang als völlig sinnlos. Andere wissen um Auslöser, die sich später zum bizarren Zwang ausweiteten. Die Deutung von Zwangsgedanken und Zwangshandlungen sollte jedoch sehr vorsichtig angegangen werden. Die Erfahrung hat gezeigt, dass psychodynamische Deutungen nicht zur Lösung der Zwangsstörungen führen.

Auch wenn Patienten sich selbst Vorwürfe machen («Habe ich diese Zwänge, weil ich als junger Mann onaniert habe?»), so muss man sie auf die grösseren Zusammenhänge und die heute bekannten Ursachen hinweisen.

Die einseitige Frage nach psychologischen oder spirituellen Ursachen kann neue Schuldgefühle erzeugen und verhindern, dass der Betroffene und seine Angehörige sinnvolle und wirkungsvolle Wege zur Bewältigung finden.

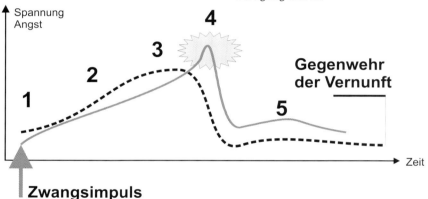

1. **EINSCHIESSENDER ZWANGSIMPULS ODER ZWEIFEL:** Der Impuls wird als unsinnig empfunden; die Vernunft versucht Widerstand entgegenzusetzen.
2. **SPANNUNGSAUFBAU:** Es kommt zu einer langsam ansteigenden Spannung zwischen Zwang und Vernunft. Die inneren Diskussionen und Kämpfe werden immer heftiger. Der Drang, den Impuls auszuführen bzw. der drohenden Gefahr entgegenzuwirken, wird immer intensiver, manchmal verbunden mit psychosomatischen Symptomen. Die Gedanken sind so absorbiert, dass die normalen Tätigkeiten und Aufgaben beeinträchtigt werden;

man wirkt häufiger gedankenverloren, angespannt, innerlich weggetreten.
3. **NACHGEBEN:** Die Spannung wird derart unerträglich, dass man sich entschliesst, den Widerstand aufzugeben.
4. **ZWANGSHANDLUNG:** Diese wird oft wie eine Befreiung erlebt, auch wenn man sich gleichzeitig schämt, dem unsinnigen Impuls nachgegeben zu haben. Das Ausführen des Zwanges bedeutet ein Ende des Kampfes und gibt vorübergehend eine gewisse Ruhe.
5. **RUHEPHASE:** Allmähliche Beruhigung der Spannung bis es zu einem erneuten Zwangsimpuls kommt.

ZUR ZWANGSTHEMATIK

Die Thematik von Zwangsgedanken ist häufig geprägt von Dingen,
— die für den Betroffenen anstössig, verboten, oder mit Angst besetzt sind (Schmutz, Krankheit, sexuelle Nähe, Flüche, Obszönitäten).
— ein überhöhtes Gewissensziel darstellen (umfassende Sauberkeit, vollständiger Glaube).
— etwas Schlimmes gegen eine geliebte Person darstellen (z.B. die geliebte Freundin verletzen, oder im religiösen Bereich, Gott oder Jesus Christus zu schmähen, die man doch liebt und verehrt).

ZWÄNGE sind bestimmt von Ängsten (es könnte einem selbst oder jemand anderem etwas passieren) und von Schuldgefühlen (man sei schuld, dass etwas passieren könnte; man könnte sich versündigen).

Ziel der **ZWANGSHANDLUNGEN:** Angst abbauen; Absicherung gegen Fehler; Versuch, Schlimmeres zu verhüten. Zwangshandlungen dienen dazu, Gefahren zu vermeiden und Gefahren abzuwenden, allerdings Gefahren, die der «Normale» nicht als Gefahr empfindet. Da immer neue Gedanken einschiessen («Wie eine Kugel im Flipperkasten»), werden die Rituale immer komplizierter und nehmen oft deutlich magische Züge an, die Unglück verhindern sollen. — Bei religiösen Menschen häufig geistlich motivierte magische Handlungen, die das grösste Unglück für einen Christen, die Verdammnis, abwenden sollen (Beispiel: eine Frau möchte sich durch und durch vom Wort Gottes beeinflussen lassen. Sie legt daher auch nachts die Bibel unter ihr Kopfkissen).

EIN BEISPIEL

Ein Jurist verlässt am Abend seine Wohnung, um ein wenig Luft zu schöpfen. Vorher sagt er sich: Du musst alle Gashähne ordentlich zumachen, damit in deiner Abwesenheit kein Unglück geschieht. Er dreht alle Hähne ab und geht auf die Strasse. Kaum ist er vor dem Haustor, so überfällt ihn der Zweifel: Hast du wirklich alle Gashähne abgedreht? Er bekommt nun Angst, er könnte doch einen Hahn nicht recht abgedreht haben, etwa nach links statt nach rechts. «Unsinn!» — sagt er sich. «Du hast ihn doch abgedreht. Übrigens ist ja deine Wirtschafterin da, die nachsehen wird, wenn sie die Betten machen wird.» Bei diesem Gedanken steigert sich die Angst. Wie? Wenn sie mit einem brennenden Zündholz ins Zimmer käme? Da würde ja eine Explosion entstehen und das Mädchen ginge zugrunde. Dann würde er zur Verantwortung gezogen werden. «Nein! Es ist alles doch ein Unsinn!» sagt er sich. «Du hast den Gashahn abgedreht, die kleine Flamme hörte sofort zu brennen auf, folglich ist sie abgedreht.» Trotz dieser deutlichen Erinnerung setzt der Zweifel wieder ein und sagt: «Du hast den Gashahn nicht zugemacht.» Schliesslich eilt er nach Hause, stürzt atemlos in das Zimmer und überzeugt sich, dass er den Hahn ganz, wie es sich gehört, zugemacht hat.

(nach W. Stekel)

23

WENN DER FILTER DER GEDANKEN VERSAGT

Die Erkenntnisse der modernen Hirnforschung und die vielfältigen Beobachtungen von Zwangskranken haben gezeigt, dass beim normalen Menschen eine gesunde «Dämpfung» oder ein Filter eingebaut ist, der einschiessende Ängste und Impulse kritisch überprüft. Als Richtschnur dient das Wertsystem eines Menschen und die bisherigen Erfahrungen, die stark von Gefühlen geprägt werden. Diese Strukturen befinden sich in den Basalganglien und im limbischen System. Wenn jemand z.B. eine Türklinke berührt, wird der Gedanke «Ich habe mich beschmutzt» entweder gar nicht auftreten oder sofort durch die Vernunft als unwahrscheinlich oder ungefährlich verworfen. Selbst bei Themen, die mit mehr Gefühlen besetzt sind (z.B. Angst vor Ansteckung mit AIDS, Gedanke an ein obszönes Wort etc.) wird kein Alarm ausgelöst, weil der Filter seine Funktion erfüllt.

ANDERS BEIM ZWANGSKRANKEN: weil hier der Filter seine Funktion nicht erfüllt, werden angstbesetzte Impulse ohne die nötige Dämpfung ins Stirnhirn weitergeleitet, wo sie wie eine zweite, von aussen aufgezwungene Wirklichkeit erlebt werden. Zudem wird das Referenzsystem der Werte verzerrt und in erhöhte Alarmbereitschaft versetzt. So wird statt einer angepassten Verhaltensreaktion das oberste Ziel allen Handelns und Denkens die Abwehr einer subjektiv erlebten Gefahr.

ANMERKUNG: Die hier geschilderten Vorgänge sind natürlich ausserordentlich vereinfacht dargestellt, decken sich aber doch mit dem heutigen Wissensstand der Neurobiologie (vgl. auch S. 21).

(vgl. auch S. 21).

BEISPIEL

Die 32-jährige Bettina R. wagt sich wegen ihrer Zwänge kaum mehr in den Bus. «Wenn ich im Bus sitze, beobachte ich genau die Menschen um mich herum. Ich unterscheide zwischen sauberen und nicht sauberen Mitfahreren. Vor allem bei den Nichtsauberen achte ich darauf, wo sie stehen und wo sie sich festhalten. Setzt sich jemand neben mich, dann achte ich darauf, dass ich ihn nicht berühre. Auch kann ich meine Einkaufstasche nicht auf den Boden stellen, sonst wird sie verschmutzt. Mit meinen Augen kontrolliere ich die Fahrgäste um mich herum. Zuhause muss ich nach einer Fahrt erst einmal duschen.»

NORMALER FILTER: ein wenig Schmutz gehört zum Alltag. NORMALE WERTE: Normale Berührungen im Bus sind nicht gefährlich. VERZERRUNG: übermässiges Gefühl der Verschmutzung, FILTER: ständige Wachsamkeit bei kleinsten Risiken.

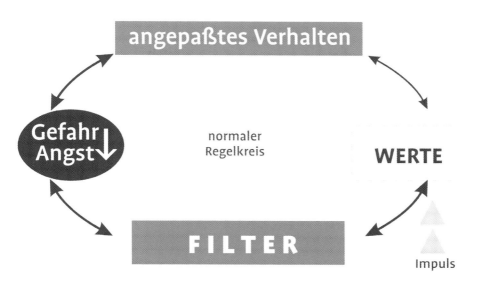

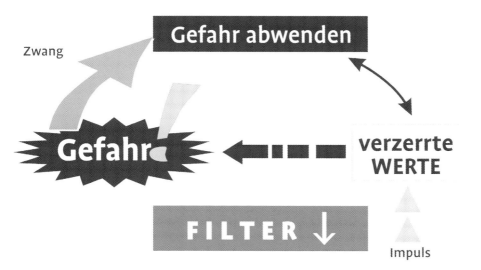

«WIE EIN ZWANG!»

An den Grenzbereichen der Zwangsstörung beobachtet man verschiedene Impulsstörungen, die von den Betroffenen «wie ein Zwang» erlebt werden. Das untenstehende Schema des Ablaufs einer solchen Störung kann man bei folgenden Bildern beobachten:

— Sexualprobleme (z.B. Fetischismus, Voyeurismus, Porno-Konsum)
— Pathologische Eifersucht
— Kleptomanie
— Bulimische Fressattacken
— Episodischer Drogenmissbrauch

ZWANGHAFTE VARIANTEN DER NORM

Während Zwang als unsinnig erlebt wird, sind Störungen von Trieb und Impuls eher als überhöhte und in ihrer Qualität zwanghaft erlebte Varianten der Norm zu betrachten, die zumindest in ihrer Entladung als lustvoll oder befriedigend erlebt werden. Allerdings erleben die Betroffenen ähnliche Vorgänge bzw. Phasen wie der Zwangskranke. Während beim Zwangskranken die Vernunft das Gegenüber ist, erleben die Betroffenen hier oft die mahnende Stimme des Gewissens.

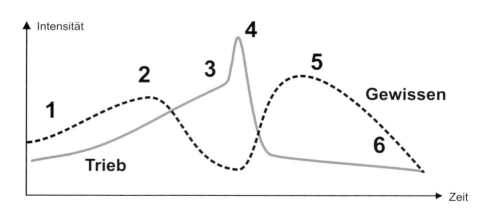

STÖRUNGEN DER IMPULSKONTROLLE

Dazu werden folgende Störungen gezählt:

- Pyromanie (Feuer legen)
- Kleptomanie (impulshaftes Stehlen)
- Trichotillomanie (vgl. S. 29)

COMPULSIVE SEXUAL BEHAVIOR:

Unter diesem Begriff werden als zwanghaft empfundene sexuelle Handlungen und Perversionen zusammengefasst. Eine besondere Form, die zunehmend an Bedeutung gewinnt, ist CYBERSEX oder Abhängigkeit von Internet-Pornographie. Links zum Thema: *www.seminare-ps.net*

SECHS PHASEN

1. ERSTER IMPULS: Erste Versuchung, etwas Verbotenes oder Unanständiges zu tun; erstes Auftreten von eifersüchtigem Verdacht; zunehmende innere Leere und Sehnsucht nach dem «Kick». Das Gewissen oder die Vernunft erwacht und es kommt zu einer langsam ansteigenden Spannung zwischen Trieb und Gewissen.

2. SPANNUNGSAUFBAU: Die Gedanken werden immer stärker von dem Impuls gefangen und absorbiert. Die inneren Diskussionen und Kämpfe werden immer heftiger. Der Drang, das Verbotene zu tun, wird immer intensiver, oft verbunden mit körperlichen Symptomen einer inneren Spannung (Verspannungen, Herzklopfen etc.). Die Gedanken sind so absorbiert, dass die normalen Tätigkeiten und Aufgaben beeinträchtigt werden, man wirkt häufiger gedankenverloren, angespannt, innerlich weggetreten.

3. NACHGEBEN: Die Spannung wird derart unerträglich, dass man sich entschliesst, den Widerstand aufzugeben. Man nimmt die Niederlage hin und lässt zu, dem Drang nachzugeben. Angesichts der inneren Kämpfe gleicht dieser Entschluss immer noch einer Erleichterung, einem Dampfablassen, das eine Katastrophe verhindert. Gleichzeitig wird die Stimme des Gewissens unterdrückt bzw. ausgeblendet.

4. ENTLADUNG: Diese wird oft wie eine Befreiung erlebt, im sexuellen Bereich vielleicht auch als lustvoll. Sie bedeutet ein Ende der langen Kämpfe. Das Gefühl der Befreiung, Entlastung, Entspannung im Trieb-/Zwangsbereich wird nun abgelöst durch einen Anstieg der Gewissensspannung.

5. GEWISSENSKONFLIKT: Rascher Anstieg von Selbstzweifeln, Selbstvorwürfen, Schuldgefühlen, Gefühl des Beschmutztseins. Bemühungen um Wiedergutmachung.

6. REFRAKTÄRPHASE: Allmähliche Beruhigung der Selbstvorwürfe («Mir ist vergeben», «Ich habe es abgelegt und hinter mir gelassen», «Es plagt mich nicht mehr»), Entschlossenheit, nicht mehr rückfällig zu werden («Das tue ich mir nicht mehr an!», „Ich mag gar nicht mehr"). Ruhen von Trieb- und Gewissensspannung bis es zu einer erneuten Phase 1 kommt.

ZWANGSRITUALE: WAS SOLLEN SIE BEWIRKEN?

Kaum eine Erscheinungsform des Zwangs ist so schwer zu verstehen wie ein Ritual. Unter einem Ritual versteht man einen festgelegten Ablauf von Handlungen oder Gedanken, die einem bestimmten Zweck dienen. Beim Zwangskranken kommen oft äusserlich sehr uneinfühlbare Rituale vor.

Erst ein genaueres Gespräch über den Sinn kann Aufschluss über den verborgenen Sinn bzw. über den ursprünglichen Auslöser geben. Dieser Auslöser kann banal sein, wie die Verknüpfung der Dreieinigkeit mit dreimaligem Atmen. Er kann aber auch dramatisch sein: Eine junge Frau wird Zeugin eines Unfalls, bei dem ein Radfahrer schwer verletzt wird. Seither ist sie nie sicher, ob sie nicht auf dem Heimweg mit dem Auto einen Radfahrer angefahren hat, ohne es zu merken. Oft fährt sie die ganze Strecke nochmals ab, um sich Gewissheit zu verschaffen.

WESENTLICHES ZIEL zwanghaften Verhaltens ist es, eine drohende Gefahr abzuwehren. Doch für den Zwangskranken bergen auch scheinbar harmlose Ereignisse und Gedanken tiefe Gefahren, die dann nur durch ein Gegenritual «gebannt» werden können. Ihnen fehlt es an der gedanklichen Filterfunktion, die ihnen die Gewissheit und Gelassenheit gibt, die für den Nicht-Betroffenen selbstverständlich ist.

EIN BEISPIEL

Ein 22-jähriger Student berichtet: «Es ist verrückt, aber in meinen Gedanken mache ich mir ein eigenartiges Gesetz. Wenn ich zweimal atme, darf ich nur etwas Gewöhnliches denken; wenn ich dreimal atme, darf ich nur etwas Heiliges denken. Wenn ich dreimal nacheinander atme, während ich die Zeitung lese, habe ich einen Fehler gemacht, denn die Zeitung ist nicht heilig. Ich muss deshalb dreimal zwei Atemzüge nehmen, um dem Fehler entgegenzuwirken. Sonst habe ich Angst, es könnte etwas passieren. Ich weiss, dass das unsinnig ist, aber wenn ich nicht das Gegenritual mache, steigt eine unerträgliche Angst in mir auf.»

 UEBUNG

DISKUTIEREN SIE ÜBER RITUALE UND IHRE BEDEUTUNG!

● Auch im Alltag machen wir manchmal kleine Rituale (z.B. beim Waschen oder beim Zubereiten von Essen oder beim Starten eines Autos). Sammeln Sie Beispiele!

● Aberglaube enthält viele Rituale (z.B. Holz anfassen!). Tragen Sie weitere Beispiele zusammen!

● Welche Rituale lassen sich im religiösen Leben beobachten?

● Was sind Dinge, die uns Angst machen und denen wir um jeden Preis entgegenwirken würden, selbst wenn sie uns nur in Gedanken auftreten? Vergleichen Sie mit den Ängsten von Zwangskranken auf den Seiten 6 – 11.

DAS VERMÜLLUNGS-SYNDROM

In seltenen Fällen kann es bei zwangskranken Menschen zu einem enormen Sammeltrieb kommen. Die Betroffenen sind unfähig, Wertvolles von Wertlosem zu unterscheiden und können sich von nichts trennen. Ihre Räume quellen über von Dingen, die andere als Abfall aussortieren. Manchmal ist eine Wohnung derart mit Müll angefüllt, dass zwischen den Stapeln nur noch schmale Gänge den Weg zum Bett oder zum WC offen halten.

Unterschieden wird zwischen Menschen, die zwanghaft Müll sammeln und Personen, denen die Kraft abhanden gekommen ist, irgendetwas wegzuwerfen.

Diagnostisch kann es sich neben einem schweren Zwangssyndrom auch um Psychosen oder schwere Depressionen mit Antriebshemmung handeln.

CHAOTISCHE «MESSIES»

Abzugrenzen sind schliesslich die „Messies" (= Unordentliche). Darunter versteht man Menschen, die ihren Alltag nicht unter Kontrolle bringen können: sie sind Chaoten, vergesslich, unpünktlich, unzuverlässig, schlampig; ihre Persönlichkeit ist aber weitgehend intakt. Grundlage ist wahrscheinlich eine erwachsene Form der Hyperaktivität (ADHD). Für sie gibt es heute in verschiedenen Städten Selbsthilfegruppen.

WEITERE INFORMATIONEN:
Dettmering P. & Pastenaci R. (2000): Das Vermüllungssyndrom. Theorie und Praxis. Verlag Dietmar Klotz.

TRICHOTILLOMANIE

Trichotillomanie wird allgemein als Störung der Impulskontrolle bezeichnet. Wie genau die Störung klassifiziert werden muss, wird derzeit noch kontrovers diskutiert.

DEFINITION

A. Sich wiederholende und unwiderstehliche Impulse, sich die eigenen Haare auszureißen, mit der Folge sichtbaren Haarverlustes.
B. Verstärktes Gefühl von Spannung unmittelbar vor dem Haarausreißen.
C. Eine Befriedigung oder Erleichterung während des Haareausreißens.
D. Kein Zusammenhang mit einer vorher vorhandenen Hautentzündung und keine Reaktion auf Wahnvorstellungen oder Halluzinationen.
E. Die Störung verursacht in klinisch bedeutsamer Weise Leiden oder Beein-trächtigungen in sozialen, beruflichen oder anderen wichtigen Funktionsbereichen.

Der wichtigste Unterschied zu einer Zwangsstörung ist das angenehme Gefühl, das sich während des Reißens bemerkbar macht; dieses ist bei Zwangsstörungen nicht vorhanden. Auch haben die Betroffenen nicht den Wunsch, aufzuhören. Daher sollte man sie eher als Verwandte der Zwangsstörung bezeichnen, denn völlig gegensätzlich sind sie natürlich nicht. Man bezeichnet die Trichotillomanie auch als Zwangsspektrumsstörung.

WEITERE INFORMATIONEN:
www.trichotillomanie.ch
www.trichotillomanie.de

29

ANGEHÖRIGE LEIDEN MIT

Die Zwangskrankheit kann zu einer Familienerkrankung werden. Ähnlich wie bei anderen schweren psychischen Störungen wird die Familie unausweichlich in die Krankheit miteinbezogen. Vielfach kommt es durch die Zwangsrituale zum Familienkonflikt.

Natürlich sind nicht alle in gleicher Weise betroffen, aber die Störung lässt keinen unberührt. Obwohl die Angehörigen immer wieder heroische Anstrengungen unternehmen, um ihren Lieben zu helfen, brauchen auch sie Hilfe für sich selbst.

CO-DEPENDENZ

Häufig lässt sich eine Co-Dependenz (Mit-Abhängigkeit) beobachten, eine intensive Verstrickung in die Probleme des Kranken, ähnlich wie in Familien von Alkoholkranken. Ohne es zu wollen, dominieren Zwangskranke ihre Familie durch Kontrolle, Einschüchterung und Angst. Alles und jeder kann sich zunehmend um die zwangskran-

Nr. 11 / Freitag, 13. März 1992   **Medical Tribune**

Wenn Kinder zwangskrank sind

Eltern ertragen Tyrannei oft jahrelang

ke Person drehen. Alle Fragen des täglichen Lebens können durch die Störung betroffen sein. Angst, Depression, ja ein panisches Gefühl des Terrors kann das Familiensystem durchdringen. Es kann zur Trennung, zur Scheidung oder zum Zerbrechen der Familie kommen.

UNTERSTÜTZENDE BEGLEITUNG DER ANGEHÖRIGEN

- Die Angehörigen brauchen Aufklärung über die Natur der Störung, der Behandlungsmöglichkeiten und Ermutigung, den Betroffenen zu fachgerechter Behandlung zu motivieren.
- Anerkennung ihrer Anstrengungen in der Unterstützung des Zwangskranken.
- Ansprechen ihrer eigenen Bedürfnisse.
- Ermutigung zur Abgrenzung: Wenn der Zwangskranke keine Einsicht zeigt, darf man sich nicht in die Rituale hineinziehen lassen und muss klarstellen, dass man nicht die Person ablehnt, sondern das Zwangsverhalten. Man darf auch keine Kontrollfunktion übernehmen oder den Patienten bei seinen Ritualen unterstützen, da dies die Symptomatik verstärkt und die ganze Situation verfestigt.
- Toleranz bei Rückfällen, geduldige Begleitung.

1. **VERLEUGNEN UND VERHARMLOSEN:**
Anfänglich hofft die Familie, dass es sich bei den sonderbaren Verhaltensweisen nur um eine vorübergehende «Marotte» oder ein «Mödeli» handelt. Oft verheimlicht man das Vorgefallene vor der Umgebung.

2. **UNTERSTÜTZUNG DER ZWÄNGE** und Erdulden von unangebrachtem Verhalten: Weil Widerstand gegen die Zwänge zu Ängsten und Spannungen führt, versucht man die leidende Person zu unterstützen und toleriert das Problemverhalten. Doch jede Anstrengung der Familie, den Betroffenen zu beruhigen, kann zu neuen Zwängen führen.

3. **AUSSCHLIESSLICHE BESCHÄFTIGUNG** mit der leidenden Person: Fast alle Gedanken der Familie kreisen um den Kranken. Man fühlt sich schuldig, wenn man nicht mithilft bei seinen Ritualen, wenn man seine lästigen Fragen nicht geduldig beantwortet. Es kommt zu einer angespannten Überwachheit, um alles zu vermeiden, was neue Zwänge auslöst.

4. **HILFLOSIGKEIT UND SELBSTZWEIFEL:**
Wenn alle Anstrengungen nichts nützen, kommt es zunehmend zum Gefühl der Hilflosigkeit. Einerseits möchte man helfen, andererseits hält man den Schmerz kaum noch aus. Auch der Glaube kann verdunkelt werden: Warum nützen die Gebete nichts? Wo ist Gott in dieser Not?

5. **SCHULDGEFÜHLE, DEPRESSION UND SELBSTENTWERTUNG**: Die langdauernde Spannung führt zu seelischen Problemen bei den Angehörigen selbst. Oft kommt es zum Rückzug von anderen und zur Vereinsamung der Familie.

6. **INDIREKTE KOMMUNIKATION:** Um sich vor weiteren Vorwürfen zu schützen, redet man nicht mehr direkt miteinander.

EIN BEISPIEL

Ein 14-jähriges Mädchen hatte die Angst, nach dem Besuch der Toilette nicht sauber zu sein und verbrauchte deshalb bei jeder Reinigungsaktion bis zu zehn Rollen Toilettenpapier. Ein Familienangehöriger musste stundenlang vor der Toilette stehen und das benötigte Papier zur Toilette hereinreichen. Die Mutter gab nach, weil die Tochter sonst mit schrecklichen Angstausbrüchen reagierte. Damit konnte sich das Zwangsverhalten weiter verfestigen.   (nach U. Knölker)

Eine andere Person in der Familie wird vorgeschickt, um Dinge mit dem Kranken zu besprechen, oder man hat gewisse Anzeichen, die auf sein Ergehen schliessen lassen.

7. **KÖRPERLICHE UND PSYCHISCHE SYMPTOME:** Das ständige Gefühl der Verantwortung, die pausenlose Abschirmung des Kranken vor neuen Belastungen, die widerstrebende Unterordnung unter seine bizarren Forderungen gönnen den Angehörigen keine Ruhe. Der Stress führt zu psychosomatischen Beschwerden: Sie können Migräne oder Magen-Darm-Beschwerden entwickeln, nervöses Herzklopfen oder Schlafstörungen. Manche Angehörige stehen auch in der Gefahr, ihre Spannungen mit Alkohol oder Beruhigungsmitteln zu behandeln und selbst in eine Abhängigkeit zu geraten.

31

DIE ROLLE DER MEDIKAMENTE

Medikamente haben die Behandlung der Zwangsstörung revolutioniert. Selbst schwere Zwänge können unter einer ausreichend dosierten medikamentösen Therapie völlig abklingen. Am wirkungsvollsten sind Antidepressiva, die über eine Wiederaufnahmehemmung von Serotonin wirken (SSRI = Selective Serotonin Reuptake Inhibitors). Folgende Medikamente haben sich als wirksam erwiesen:

1. **Clomipramin (Anafranil)**
2. **Fluoxetin (Fluctine)**
3. **Sertraline (Zoloft, Gladem)**
4. **Fluvoxamine (Floxyfral, Fevarin)**
5. **Venlafaxine (Efexor)**

WIRKSAMKEIT: Man schätzt, dass etwa ein Drittel sehr gut auf Medikamente anspricht, ein Drittel teilweise und ein Drittel leider nicht. Das ergibt aber doch Erfolgsaussichten von über 60 Prozent. In Untersuchungen mit bildgebenden Verfahren konnte gezeigt werden, dass sich in den überaktiven Bereichen des Gehirns (vgl. S. 21) tatsächlich eine Normalisierung der neuronalen Aktivität einstellte. Weitere Studien haben gezeigt, dass es nach dem Absetzen von Anafranil zu einem erneuten Auftreten von Zwängen und depressiven Symptomen kam. Aus diesem Grund ist eine Langzeitbehandlung mit Anafranil oder einem anderen SSRI angezeigt.

WIRKMECHANISMUS: Wesentlich im Zwangsgeschehen scheint ein Mangel des Neurotransmitters Serotonin in den Basalganglien zu sein. Die Medikamente erhöhen den Serotoninspiegel in den Synapsen und ermöglichen dadurch eine normalisierte Informationsverarbeitung

WEITERE INFORMATIONEN:
Greist, J.H. et al. (1995): Efficacy and tolerability of serotonin transport inhibitors in obsessive-compulsive disorder: a meta-analysis. Archives of General Psychiatry 52:53–60. — Süllwold, L. et al.: Zwangskrankheiten: Psychobiologie, Verhaltenstheapie, Pharmakotherapie.

VERHALTENSTHERAPIE

Verhaltenstherapie geht davon aus, dass falsches Denken und Verhalten wesentlich zu einem Problem beitragen. Ziel ist es deshalb, Denken und Verhalten so zu verändern, dass es dem Patienten gelingt sein Leben im Hier und Jetzt besser zu bewältigen. Statt nur über die möglichen Ursachen nachzudenken, geht man die Zwänge ganz praktisch an. Dabei sind zwei Techniken wichtig:

▶ *Reizkonfrontation:* Der Zwangskranke setzt sich ganz bewußt denjenigen Reizen aus, die ihm Angst machen, d.h. vermiedenen Gegenständen, Situationen, Orten und manchmal auch Gedanken und Bildern.

▶ *Reaktionsverhinderung:* Der Kranke wird zuerst ermutigt, die Zeit bis zum Ausführen des Rituals zu verlängern, die Zahl der

Wiederholungen zu vermindern und schließlich ganz auf die Rituale zu verzichten.

So wird beispielsweise eine Patientin mit zwanghaften Verschmutzungsängsten und Waschzwängen ermutigt, Gegenstände zu berühren, die sie als «schmutzig» empfindet (z.B. Türgriffe, Haustiere, die Wand einer Toilette in einem Restaurant). Sie soll dann die Waschzwänge so lange wie möglich hinausschieben.

Die Wirksamkeit der Verhaltenstherapie bei Zwangsstörungen hat sich in breiten Studien klar bestätigt. So zeigte eine Studie an 300 Patienten eine Verbesserung um durchschnittlich 76 Prozent, die bis zu 6 Jahren anhielt. Die Erfolge treten aber vor allem bei einer leichteren Ausprägung eines Zwangssyndroms auf, nämlich bei Patienten, die folgende Bedingungen erfüllen: weniger Symptome, Fehlen zusätzlicher Persönlich-keitsstörungen und gutes soziales Funktionieren und gute Motivation. Zudem sind Störungen mit Wasch-, Putz- und Kontrollierzwängen deutlich leichter mit Verhaltenstherapie behandelbar, als Störungen mit Zwangsgedanken.

IN JEDEM FALL SOLLTE EINE VERHALTENS-THERAPIE MIT EINER MEDIKAMENTÖSEN THERAPIE KOMBINIERT WERDEN.

WEITERE INFORMATIONEN:
Einen breiten und gut verständlichen Überblick über Verhaltenstherapie bei Zwangskranken gibt das Buch von L. Baer. — Hauke, W. (1994): Die Effektivität von multimodaler Verhaltenstherapie bei Zwangsneurosen. Praxis der Klinischen Verhaltensmedizin und Rehabilitation 26:82–88.

CHANCEN UND GRENZEN

Wie aus dem oben Gesagten hervorgeht, lassen sich heute Zwangsstörungen deutlich besser behandeln als früher. Als wesentlich hat sich die Kombination der folgenden vier Ansätze erwiesen:

▶ **MEDIKATION**

▶ **VERHALTENSTHERAPIE**

▶ **TAGESSTRUKTUR**

▶ **ANGEHÖRIGENGESPRÄCHE**

THERAPIERESISTENZ UND RESIDUALZUSTAND

Leider hat sich gezeigt, dass manche Zwangsstörungen sich trotz intensiver Therapie nicht wesentlich bessern. Manchmal bildet sich ein Residualzustand mit affektiver Abflachung aus, der kaum von einer chronischen Depression oder gar einer chronischen Schizophrenie unterschieden werden kann.

SPONTANVERLAUF UND ÜBERRASCHENDE BESSERUNG

In manchen Fällen kommt es aber über die Jahre auch ohne Therapie zu einer erstaunlichen Beruhigung.

Gerade bei Depressionen verschwinden die Zwänge mit dem Aufhellen der Depression.

Bei einem therapieresistenten Verlauf gilt es die Patienten mit ihren Behinderungen anzunehmen und sie gleichzeitig zu ermutigen, die vorhandenen Möglichkeiten (Arbeit, Wohnung) auszuschöpfen, um das Leben möglichst selbständig zu gestalten.

33

ZWEIFEL

GESUNDER ZWEIFEL

Zweifel gehören zur Existenz des denkenden Menschen. Nicht alles ist wahr, nicht alles ist gut, nicht alles ist hilfreich. Das Hinterfragen von überlieferten Annahmen gehört zur normalen Entwicklung eines Menschen, mit der er seine Welt ausgestaltet. Selbst zum gesunden Glauben gehören Zweifel und Wagnis. Zweifel treten mit jeder Veränderung auf. Ein gesunder Glaube wird die Frag-Würdigkeit der christlichen Gemeinschaft, der Lehre oder der Erfahrung aushalten. Ein rigider Glaube wird durch solche Rückfragen bereits erschüttert und erlebt den Zweifel als destruktiv. Wer versucht, den Zweifel völlig auszuschalten, steht in der Gefahr der Sektenbildung. — Doch jedes prüfende Zweifeln hat einmal ein Ende. Der gesunde Zweifel hält eine Restspannung aus, ohne unbedingt letzte Gewissheit zu verlangen. Er kann «sein Herz stillen» (1. Jo. 3:19), auch wenn Fragen offen bleiben. Diese gesunden Formen des Zweifels kontrastieren nun aber mit dem krankhaften Zweifel.

KRANKHAFTER ZWEIFEL ODER SKRUPULOSITÄT

In der Literatur findet man immer wieder Auseinandersetzungen mit dem Phänomen krankhafter Zweifel, insbesondere im Bereich religiöser Fragen. So ist von Ignatius von Loyola folgende Beschreibung überliefert: «Nachdem ich auf ein aus zwei Strohhalmen gebildetes Kreuz getreten bin oder auch etwas gedacht, gesprochen oder getan habe, kommt mir wie von außen ein Gedanke, dass ich eine Sünde begangen hätte; doch scheint es mir wieder andererseits, dass ich nicht gesündigt habe: dennoch fühle ich mich beunruhigt, insofern ich nämlich zweifle, ob ich wirklich gesündigt habe und wiederum auch nicht zweifle.»

In einer Abhandlung über den Zweifel (Ductor Dubitantium, 1660) beschrieb der Theologe Jeremy Taylor ausführlich das Leiden der chronisch Skrupulösen. Skrupel seien eine Abart normaler Ängstlichkeit und würden das religiöse Leben empfindlich stören. Obwohl die Zweifel auch einmal als Prüfung von Gott gesandt werden könnten, sei doch häufig Satan als die Ursache zu sehen. Der Teufel bewirke bei den Bösen eine unzulässige Ausweitung des Gewissensspielraums im Vertrauen auf Gottes Gnade; bei den Guten hingegen eine Einengung des Gewissens durch unmäßige Furcht.

«Er ergreift von ihrer Phantasie Besitz und gibt ihnen dunkle und gespenstische Ideen ein: Er entfacht in gerechten Men-

> **«ICH KANN AN ALLEM ZWEIFELN, NUR DASS ICH ZWEIFLE, KANN ICH NICHT BEZWEIFELN. FOLGLICH IST DAS EINZIGE GEWISSE MEIN ZWEIFELN, DAS HEISST ABER, MEIN DENKEN. SOLANGE ICH ZWEIFLE, DENKE ICH. SOLANGE ICH DENKE, BIN ICH.»**
> Descartes (1596–1650)

schen dunkle Ahnungen von Sünde, die sie, wenn auch grundlos, in Schrecken versetzen und ihnen schlimmste Befürchtungen einflößen; er greift ihren Sinn für Humor an und erzeugt dadurch gewöhnlich innere Bestürzung, Pein, Bitterkeit und Verstörung, sodass die armen Seelen wie Nußschalen dem Wüten einer aufgewühlten See ausgeliefert sind.»

«DIE ZWEIFLER BEREUEN, WENN SIE NICHT GESÜNDIGT HABEN. SKRUPEL BEDEUTEN LEIDEN, WENN DAS LEIDEN VORBEI IST; ZWEIFEL, WENN DIE ZWEIFEL ZERSTREUT SIND.»
Jeremy Taylor 1660

RELIGIÖSE SKRUPEL sind nicht nur im Christentum, sondern auch in anderen Religionen beschrieben (Islam, Hinduismus, Judentum, vgl. S. 17). Häufig werden religiöse Vorschriften und Reinigungsrituale zwanghaft hinterfragt und bis zum Exzess übertrieben. Dies hat Sigmund Freud veranlasst, die Parallelen zwischen Religion und Zwangsneurose soweit zu treiben, dass er die Religion als universelle Zwangsneurose bezeichnete. Eine genaue Analyse von religiösen Menschen, die an Zweifeln und Zwängen leiden, zeigt jedoch, dass ihre Verhaltensweisen auch von Gleichgesinnten als übertrieben und krankhaft erlebt werden. Um also zu beurteilen, ob ein Zwang religiös verursacht ist, muss man genaue Kenntnis des kulturellen bzw. religiösen Umfelds

haben (vgl. auch S. 17).

Häufig finden sich bei Menschen mit religiösen Zwängen auch andere Zwänge.

Fachleute sind sich heute einig, dass religiöse Zwänge nur eine besondere Ausprägung einer Zwangskrankheit sind. Der Zwang ist sozusagen das Gefäß, in dem sich verschiedene Themen als Inhalte befinden können. Ist der Glaube für eine Person wichtig, so können die Zwänge eben religiös gefärbt sein.

«ES GIBT NICHTS ZWEIFELHAFTERES ALS EINEN GLAUBEN, DER DEN ZWEIFEL UNTERDRÜCKT. GIBT ES EINEN GOTT, ÜBER DESSEN EXISTENZ KEIN MENSCH ZU ENTSCHEIDEN VERMAG, SO IST DER ZWEIFEL AN SEINER EXISTENZ NICHTS ALS DER VON GOTT GEWÄHLTE SCHLEIER, DEN ER VOR SEIN ANTLITZ SENKT, SEINE EXISTENZ ZU VERBERGEN.»
Friedrich Dürrrenmatt 1980

LITERATURHINWEIS: Beachte besonders den Anhang «Die religiöse Sichtweise» in dem Buch von J. Rapoport (S. 337–349) sowie das nur auf englisch veröffentlichte Buch von Ciarrocchi.

35

SEELSORGE BEI ZWANGSSTÖRUNGEN

▶ Vermitteln Sie der Person Ihre Anteilnahme am Leiden unter den Zwängen.

▶ Ermutigen Sie zur Aussprache, auch wenn der Person die Zwänge peinlich oder gar gotteslästerlich vorkommen.

▶ Klären Sie die Natur der Störung durch die Anwendung der in diesem Heft abgedruckten Fragebogen (YBOCS, S. 6–15). Denken Sie daran, dass es auch Depressionen gibt, welche vorübergehend von Zwangsgedanken begleitet werden können.

▶ Geben Sie der Störung einen Namen. Erklären Sie, dass das Zustandsbild bekannt

Betonen Sie insbesondere, dass das Leiden an anstössigen Gedanken und Impulsen zeigt, dass dies gerade nicht in ihrer Absicht liegt.

▶ Betonen Sie, dass religiöse Zwangsgedanken nicht durch den Glauben verursacht sind, sondern nur eine religiöse Ausprägung der Zwangskrankheit darstellen.

▶ Vermeiden Sie eine Dämonisierung der Zwänge. Auch wenn die Impulse und Gedanken wie von außen aufgedrängt wirken, so gibt es noch andere Erklärungen. Dämonische Deutungen verschärfen oft die Glaubensprobleme, weil auch ein «Befreiungsdienst» eine Zwangsproblematik in der Regel nicht lösen kann.

▶ Orientieren Sie die Person über die Verläufe und die Behandlungsmöglichkeiten. Arbeiten Sie mit einem Arzt zusammen, der die notwendigen Medikamente verschreiben und allfällige weitere Abklärungen vornehmen kann.

> «Wenn unser Gewissen uns anklagt und schuldig spricht, dürfen wir darauf vertrauen, dass Got grösser ist als unser Gewissen. Er kennt uns ganz genau.»
>
> 1. Johannes 3,20 (Hoffnung für alle)

sei unter dem Namen «Zwangskrankheit» und betonen Sie, dass es sich um eine krankhafte Störung der Gedankenkontrolle im Gehirn handelt.

▶ Erarbeiten Sie mit der betroffenen Person die Psychodynamik (vgl. S. 17, 23, 28).

36

SEELSORGE BEI ZWANGHAFTEN ZWEIFELN

▶ Bei zwanghaften Zweifeln, die den Glauben betreffen, ist es wichtig zu vermitteln, dass Gott über den Anklagen unseres Gewissens steht und unsere tiefsten Beweggründe sieht. Die persönliche Beziehung zu Gott und die Gewißheit der Erlösung ist nicht von einschießenden Zwängen abhängig, sondern beruht auf der Treue Gottes zum Menschen. Das Heil ist nicht von der «Heilsgewissheit» abhängig.

▶ Denken Sie an die Angehörigen und beziehen Sie die Familie ein (vgl. S. 30-31). Ermutigen Sie – wenn nötig – auch zur Abgrenzung von tyrannischen Verhaltensweisen.

▶ Entlasten Sie die Person, wo sie zu hohe Anforderungen an sich selbst stellt (z.B. skrupulöse Gewissensprüfung vor dem Abendmahl).

▶ Haben Sie Geduld: Stellen Sie sich darauf ein, dass es bei manchen Betroffenen nicht zu einer völligen Heilung kommt. Begleiten Sie sie mit Trost und praktischer Unterstützung auch in der Not der Invalidität und der empfundenen Wertlosigkeit.

ZWÄNGE ALS NEGATIVES ABBILD TIEFSTER WÜNSCHE:

Wenn eine zwangskranke Person über ihre schrecklichen Gedanken klagt, so sind diese nichts anderes als das negative Abbild ihrer tiefsten Wünsche und Sehnsüchte. Ihre gewalttätigen Phantasien sind nichts anderes als die Angst um die geliebte Person, ihre zwanghaften Zweifel nur ein krankhafter Ausdruck ihres tiefen Glaubens.

Gerade die zwanghaften Zweifel zeigen die tiefe Sehnsucht nach Gott. Gerade die obszönen Gedanken zeigen die Sehnsucht nach einem reinen Denken

MIT SPANNUNGSFELDERN LEBEN LERNEN

Menschen mit leichteren Zwangsstörungen oder mit einer zwanghaften Persönlichkeit möchten möglichst exakt nach den Regeln und Idealen leben, die für sie wichtig sind. Es fällt ihnen schwer, mit ungelösten Fragen und Spannungen zu leben.

Dies kann sich auch auf den Glauben und auf die Gestaltung des persönlichen Lebens im Kontext ihres Glaubens auswirken. Doch manchmal muss man Zweifel «stehen lassen» ohne sie lösen zu können. Man muss damit leben, dass man persönliche Bedürfnisse und Impulse verspürt, die den herrschenden Regeln oder der Lebensrealität zuwiderlaufen.

Der «Kampf zwischen Fleisch und Geist» kann oft sehr quälend sein. Ist das Gewissen wirklich immer Gottes Stimme? Oder wird es nicht viel mehr durch die Erziehung und durch negative Erfahrungen geprägt? Diese Themen können im Seelsorgegespräch wesentlich werden. Das untenstehende Schema zeigt etwas von den Spannungsfeldern auf, die es zu besprechen gilt.

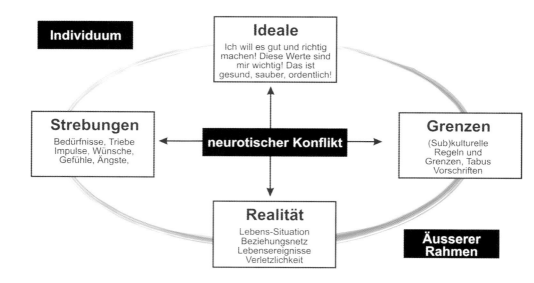

WEITERE INFORMATIONEN:
Ausführlich werden diese Fragen im Buch «Wenn der Glaube zum Problem wird» (S. Pfeifer, Brendow Velag) besprochen.

WANN IST EINE ABKLÄRUNG ANGEZEIGT?

Die Früherkennung ist außerordentlich wichtig, da sich der Behandlungserfolg wesentlich rascher einstellt und eher von Dauer ist, als wenn die Störung über Jahre oder Jahrzehnte bestanden hat. Wenn Sie den Eindruck haben, selbst an einer Zwangsstörung zu leiden – oder wenn die Symptome auf einen Ihnen nahestehenden Menschen zutreffen, können bereits einige wenige Fragen auf die richtige Spur führen:

▶ Werden Sie durch Gedanken gequält, die keinen Sinn machen oder die Ihnen lästig sind?

▶ Tauchen diese Gedanken immer wieder auf, obwohl sie sich dagegen wehren?

▶ Müssen Sie immer wieder eine ganz bestimmte Handlung durchführen, z.B. prüfen, ob der Wasserhahn zugedreht oder die Tür abgeschlossen ist, oder müssen Sie sich – um innere Spannungen abzubauen – ausgiebig waschen oder duschen? Und das, obwohl Sie wissen, dass das, was Sie tun, durch die stereotype Wiederholung völlig unsinnig ist?

EIN GESPRÄCH MIT DEM ARZT DRÄNGT SICH AUF,
wenn Zwangsgedanken und Zwangshandlungen

▶ eine erhebliche Belastung darstellen,
▶ pro Tag mehr als eine Stunde in Anspruch nehmen,
▶ negative Auswirkungen auf die Kontakte mit anderen Menschen haben
▶ und Sie beim Erfüllen der alltäglichen Aufgaben beeinträchtigen.

Manchmal sind die Symptome bei Angehörigen auch versteckter: Hier einige Hinweise:

1. Große Abschnitte von unerklärter (vertrödelter) Zeit.
2. Wiederholte Verhaltensweisen.
3. Ständige Fragerei zur Absicherung.
4. Einfache Aufgaben dauern ungewöhnlich lang.
5. Ständige Verspätung.
6. Vermehrtes Haften an Kleinigkeiten und Details.
7. Starke Gefühlsreaktionen auf kleine Veränderungen.
8. Schlafstörungen.
9. Langes Aufbleiben, um Dinge zu erledigen.
10. Deutliche Veränderung bei den Essgewohnheiten.
11. Alltag wird als Kampf erlebt.
12. Vermeidungsverhalten.

WEITERE INFORMATIONEN:

Zusammengestellt nach dem Buch von L. Baer und nach einem Angehörigen-Manual «Living with OCD» von VanNoppen, Pato und Rasmussen 1993.

39

LITERATUR

Die folgenden Bücher enthalten weitere Informationen zur Thematik dieses Arbeitsheftes. Im Rahmen der knappen Übersicht ist es jedoch nicht möglich, alle Aspekte ausreichend zu beleuchten.

Ambühl H.: Psychotherapie der Zwangsstörungen. Thieme.

Baer L.: Alles unter Kontrolle. Zwangsgedanken und Zwangshandlungen überwinden. Huber.

Brandt H.M.: Der Hiob in uns. Vertrauen im Zweifeln. Vandenhoeck & Ruprecht.

Ciarocchi, J.: The Doubting Disease. Help for scrupulosity and religious compulsions. Paulist Press.

Guiness, O.: Doubt. Faith in two minds. Inter-Varsity Press.

Hoffmann, N.: Seele im Korsett. Innere Zwänge verstehen und überwinden. Herder.

Hoffmann, N.: Wenn Zwänge das Leben einengen. Zwangsgedanken und Zwangshandlungen. PAL.

Hoffmann S.O. und Hochapfel G.: Einführung in die Neurosenlehre und psychosomatische Medizin. UTB.

Knölker U.: Zwangssyndrome im Kindes- und Jugendalter. Vandenhoeck & Ruprecht.

Lichtenberger S.: Als sei mein Zweifel ein Weg. Gebet-Gedichte. Vandenhoeck & Ruprecht.

Pfeifer S.: Die Schwachen tragen. Brunnen.

Pfeifer S.:Wenn der Glaube zum Problem wird. Brendow.

Rapoport J.: Der Junge, der sich immer waschen mußte. Wenn Zwänge den Tag beherrschen. Münchner Medizin Verlag.

Rothenberger A.: Wenn Kinder Tics entwickeln. Gustav Fischer.

Ruthe R.: Wenn Zwänge das Leben beherrschen. Brendow.

Schwartz J.M.: Zwangshandlungen und wie man sich davon befreit. Fischer TB.

Süllwold L., Herrlich J. & Volk St.: Zwangskrankheiten. Psychobiologie, Verhaltenstherapie, Pharmakotherapie. Kohlhammer.

VanNoppen B.L., Pato M.T. & Rasmussen S.: Learning to live with OCD – Obsessive-Compulsive Disorder. Bezugsquelle: OC-Foundation, P.O. Box 70, Milford CT 06460, U.S.A.

Wise K.: Wenn Essen zum Zwang wird. Wege aus der Bulimie. PAL.

INTERNET-RESSOURCEN

www.zwaenge.de
Infos für Betroffene und Experten.
www.zwangserkrankungen.de
Homepage von Betroffenen (Forum, Chat, Therapie-Adressen).
http://www.geonius.com/ocd/
Sammlung von Artikeln und Links zum Thema Zwangskrankheit
http://www.nimh.nih.gov/HealthInformation/ocdmenu.cfm

www.tourette.de -- www.tourette.ch
Infos über das Gilles-de-la-Tourette-Syndrom für Angehörige und Betroffene.

ALLGEMEINER HINWEIS:
Unter der Adresse **www.google.de** können Sie jedes Schlagwort im Netz finden.